MA PART DE GAULOIS

"Domaine français"

DU MÊME AUTEUR

LIVRET DE FAMILLE, Actes Sud, 2004 ; Babel n° 1082.
LA TREMPE, Actes Sud, 2007 ; Babel n° 1082.

© ACTES SUD, 2016
ISBN 978-2-330-06652-9

MAGYD CHERFI

Ma part de Gaulois

récit

ACTES SUD

L'exception française c'est d'être français
et de devoir le devenir.

.

Longtemps j'ai aimé qu'on me dise :

— Magyd, écris-nous quelque chose! Un truc qui tue, mets-nous le feu! On s'ennuie.

Surtout les filles de mon quartier, qui savaient mon écriture inflammable et solidaire. J'aimais dégommer les mecs de ma cité qui me le rendaient bien. Je les croquais en verbe, ils me retournaient la bouche à coups de savate. Les filles, elles voulaient que j'écrive un incendie. Être leur pyromane me chauffait les neurones. Interdites de sorties je devenais leur passeport pour les étoiles.

— Écris la légende des quartiers.

Tout le monde aimait ça, que j'invente une "histoire". D'histoire on n'en avait pas. Ma mère, les filles, les copains, un seul cri : Écris…

— Un truc qui tue!

Comme on dit au djinn "exauce mon vœu" ou à la fée "fais-moi apparaître la plus jolie princesse". On me sollicitait de partout pour un petit bonheur pépère. J'étais dans ma cité comme un magicien des mots et m'en léchais la plume. Les copains aussi me demandaient des poèmes pour accrocher une voisine et quand ils revenaient me supplier pour deux ou trois autres quatrains, je la jouais poète pris dans les tourments de l'inspiration, je me prenais la tête à deux mains :

— Attendez, il faut que ça vienne.

J'en profitais pour leur soutirer les commentaires de la coquine ou la teneur de l'échange qui pouvait être un premier baiser ou la permission d'une caresse en des endroits bénis par la secte "garçons".

— J'y ai tété le sein, la tête de ma mère!

Et je bandais tranquille, un peu pour la scène décrite et beaucoup pour la sensation de ce pouvoir en ma possession et dont je profitais par procuration.

La procuration, ô terre bénie dans laquelle j'ai atterri en douceur, très tôt.

J'étais mou, affable et grassouillet, ça vous donne trois raisons de ne pas visiter la jungle des hommes. Je me dis quand j'y pense que le secret de l'écriture est là. En écrivant on sublime forcément cet effroi qu'est le réel. Pour moi c'en était un au point d'éprouver une jouissance à l'enfermement. Je m'isolais pour réinventer un monde dans lequel j'aurais pas été moins qu'un prince… charmant, musclé et pas con.

À défaut d'être "mec", je me suis fait plume et ma haine, plutôt que des poings, s'est servie d'un stylo.

Par bonheur je n'étais pas que flasque et éteint, j'étais aussi fâché et j'ai donc envoyé mon écriture à la salle de gym. J'habitais la banlieue, ça dit tout.

Pourtant j'avoue pour avoir lu les "meilleurs" que j'étais à l'écriture ce que le mineur est au minerai, bien plus dans le concassage que dans l'épure.

J'en maudis encore le ciel, car écrire et être en colère auraient mérité un scribouillage hugolien. Rien de ça chez moi jusqu'à ce que j'assume ce qualificatif qui m'a hanté longtemps. Sympa.

— C'est sympa ce que t'écris.

Oh l'incroyable adjectif qui veut dire à la fois c'est nul et c'est bien. Maudit adjectif passe-partout qui permet le compliment sans affoler son destinataire, qui vous débarrasse d'une position inconfortable en proposant un "pouf" qui vous engloutit, qui flatte sans vous proposer les nues et qui n'est ni désobligeant ni porteur de louanges.

Enfant, je me jetais donc à corps perdu sur tous les dictionnaires de rimes et autres anthologies de la poésie française. Je mêlais sans scrupule des vers de René Char, d'Éluard ou d'Apollinaire avec mes minables élucubrations. Sans vergogne, je mélangeais le kérosène des grands avec mon fuel domestique.

Je défouraillais douze pieds comme autant de balles dans un barillet. Ma mère qui prenait mes heures de scribouillage pour des devoirs me baisait le front, je tiltais sur tous les tableaux.

Dans la cité, encore vert, je tenais à la gorge des familles entières qui dépendaient de ma prose pour des lettres à écrire au bled, d'autres à lire, pour des formulaires à remplir, de soins ou d'inscriptions de rejetons en perdition dans le circuit scolaire. Il n'était point là affaire de cuisses à ouvrir, je me contentais de sucreries diverses et autres gâteaux au miel. Voici le genre de lettre que j'écrivais sous la dictée des familles.

Cher frère, je vous écris de mes nouvelles qui sont en bonne et parfaite santé et j'espère que cette lettre vous trouvera de même. Pour le chemin que vous voulez goudronner, demande à Dada Laïd de réunir les anciens pour qu'ils vous disent à combien ils estiment

*la somme de chaque famille et à partir de quel âge on
compte les enfants. Il faut pas que je paie plus que les
autres. J'espère que tu te portes bien ainsi que Lalla
Fatima, donne le bonjour à ta femme, ses sœurs et son
père et son frère, l'autre, celui qu'on me dit qu'il ne
marche plus. Puisse Allah lui faire une place au paradis. Bonjour à Si Akli, Si Mohand, Si Youcef et le hadj
Djillali qui sera choyé aux côtés de Dieu ainsi que son
frère, son beau-frère et tous ses enfants, Dieu les bénisse
dans sa miséricorde… dis à Si Mohand que je pense à
l'arrache-clou pour cet été…*

Ton frère Brahim

J'écrivais, je faisais l'impasse sur la moitié du village qu'il fallait saluer, un tas d'Ahmed et de Mohamed dont j'escamotais l'orthographe tel un sagouin.
Ensuite je me levais, embrassais ma tante, cherchais
un clignement d'œil d'une cousine et tombais sur un
frère qui promettait, jaloux, de séparer mon corps
de ses deux testicules.

— Écrivain de mes couilles.

Quant à ma tante :

— Merci mon fils, prends ces crêpes pour ta maman et que ton père soit béni, pour sa droiture.

Jamais entendu sentences plus hypocrites. Ils se
haïssaient tous.

Savez-vous? Les Arabes ont trouvé un subterfuge
pour éluder leur impossible dialogue. Ils s'appellent
"mon frère". Ils vous lient par le sang sans qu'une
goutte ne coule et quand c'est pas "mon frère", ils
appellent l'inconnu "cousin", ils disent à la femme
"ma sœur", au monsieur "mon oncle" et même "ma
mère" à la dame d'un certain âge. Plus la formule est
familière, plus elle est suspecte. C'était mon monde.

J'ai longtemps maudit ma mère de m'avoir tant couvé, dans les cités ça ramollit l'âme, ça vous fait poli, poète et merdeux, détesté de la bande.

Dès le cours élémentaire on m'avait affublé du joli sobriquet de "pédale". J'accumulais les bons points et à chaque bonne réponse, une baffe m'escagassait dans le couloir.

— Hé les copains, le "Magyd de ses morts" il a eu un bon point.

Et à la récré c'était un grand coup de pied au cul.

— Tu les aimes les Français, pédé !

Alors pour soulager mes fesses c'est souvent que je levais pas le doigt en classe alors qu'une bonne réponse m'ouvrait grands les bras. Je bénéficiais ainsi d'une accalmie. J'étais autorisé à participer à un match de foot, au pique-nique du jeudi après-midi ou à la chasse à l'Indien. Sinon, le cœur serré, je regardais les copains partir, peiné comme l'enfant que la mère abandonne. Privilège des parias, j'ai trouvé ce qui allait largement souder ma blessure, les filles.

Les filles qui jouaient entre elles un court moment entre la vaisselle et les graines de semoule à gonfler. Les Zohra, Kheira, Fatima, Malika, Bija que j'ai toutes aimées comme on aime à neuf ou dix ans. Elles étaient là, en demande de soubresauts des plus intimes, et le temps du football est devenu le temps des filles. Au début je m'en griffais les joues de pas en être, puis je m'en suis battu l'oreille, mais toujours ma mère parasitait mes ondes…

— Il n'y a rien de plus stupide que de courir derrière une balle qu'il faut domestiquer avec ses pieds. Un ballon, ça ramène l'intelligence au plus bas du corps dans ce qu'il a de plus laid, les pieds. C'est avec sa tête qu'on devient un homme, on la remplit d'abord et la vie mon fils t'apparaîtra comme du miel. Mon fils, c'est pas bien de se servir de ses pieds.

J'ai retenu deux mots kabyles qui vous percent le cœur et laissent un trou béant : *Ekhrah amaghziz* (Apprends, mon bien-aimé).

Et tous les jeudis, de peur de la voir pleurer, rongeant mon frein pendant que les autres remplissaient leurs poumons de cris de victoire, je restais attaché comme une chèvre à son piquet, à l'écoute des hourras qui saluaient une reprise de volée, un grand pont de chez Brésil, une aile de pigeon dévastatrice.

De retour, ils chantaient à tue-tête :

— Magyd y fait ses devoirs, y va être ingénieur.

Puis derrière moi cinq doigts épais me pressaient l'épaule assez fort pour m'empêcher de fuir.

C'est ainsi ligotée que ma tête s'est enflammée d'images. Il me suffisait de fermer les yeux et j'y étais, sur la pelouse, à fureter comme les doigts d'un voyou au fond du coffre-fort. Où est le but(in) ?

Par bonheur le temps du foot est devenu un temps de découverte. J'ai fini par bénir ce moment qui m'a fait représentant de la gent masculine auprès des coquines de la rue Raphaël. À cet âge déjà elles se faisaient hameçon et jamais appât n'a plus rêvé que moi d'être gobé. Dans les recoins, les cagibis, les planques les plus insensées, même cérémonial. On se recroquevillait, formant cinq pétales d'une fleur qui se referme. Ensuite des cuisses s'ouvraient, un doigt écartait le coton d'une culotte large découvrant la fêlure bonbon. Le temps d'un "oups" et le tout se refermait. Je repartais accrochant à ma taille la ceinture du champion du monde.

Quand ils revenaient à la nuit tombée, je laissais les copains me traiter de pédé et je leur répondais dans un chuchotement à vous péter l'oreille : "Moi j'ai baisé vos sœurs!" sans savoir ce que "baiser" voulait dire. Juste je sautillais d'à mon tour les avoir "niqués". Trop de bonheur était là, le mien et celui de ces tourterelles si heureuses d'avoir "fait l'amour", en tout cas d'avoir bravé un sublime interdit.

J'étais indifféremment amoureux de toutes, il leur suffisait de pas être garçons et je promettais un poème que chacune lisait à sa voisine, et roule…

Les malignes m'aimaient parce que j'étais là, disponible et inoffensif, témoin fiable de leur mutinerie prépubère. Les soirs de baptême, autorisées à sortir, elles m'entraînaient près du petit bois et dans une extase silencieuse, guidaient ma main vierge vers une lagune de coton rosé où ma paume venait se plaquer tel un pansement sur la plaie.

C'est plus tard qu'elles ont préféré les tartes dans la gueule à un poème d'Éluard. Elles disaient :

— Faut bien qu'on nous dresse sinon on part de travers.

— Ah?

Et je restais coi.

Dingue, mes copains n'aimaient pas les "je te prie", "pardon" ou autre "s'il te plaît", qu'étaient pour eux des agressions verbales. Ils vivaient la politesse comme une défaite et forçaient ma nature à esquinter la langue de Molière, à rejoindre les codes de leur colère. Et pan! "Parle bien ta race", qu'ils disaient. Mais parler mal et faire semblant de mal conjuguer me coûtait plus que tout.

— Dis-le, le mot!

— Hein?

— Dis : le con de ta mère.

— Non! Je peux pas.

Et pan!

— Pédé!

Ils n'aimaient pas non plus les phrases longues avec ou sans complément d'objet direct, les locutions verbales, le surplus de mots qui entourent le verbe. Ils se contentaient du verbe et, pour le temps, de l'impératif. Le reste se concluait à coups de coude dans l'omoplate. Ils n'aimaient pas non plus les ordres, les injonctions, le conditionnel employés à leur endroit, ils ne voulaient aucun des temps qui fondent le dialogue.

Ils disaient "On est arabes!" sans que cela soit une identification raciale mais une traduction de la méchanceté.

Moi, je sirotais mon oxygène dans une bulle de rimes et de compliments. La preuve, je voulais obéir. Obéir, c'était plaire et je guettais la main tendue, saisir n'importe quoi plutôt qu'une chute sans personne pour s'émouvoir.

J'obéissais, ne trouvant pas à cet âge matière à contestation. Ma mère m'aimait et les instits ouvraient des portes que je ne voulais pas laisser se refermer. Faut dire que j'étais briefé sévère.

"Si tu comprends pas, fais semblant!" me chuchotait ma mère devant le portail de l'école. J'apprenais la vie à deux masques. Je commençais à mentir sans la notion du mensonge et ça marchait si bien que j'ai franchi le seuil du domicile de chacun de mes instits.

D'abord timidement puis très vite, j'suis devenu un demi-frère exotique chez les uns, un fils adoptif chez les autres, j'entrais dans la tribu de chez Clovis tel un canasson dans la ville de Troie. Toujours toléré, parfois carrément adopté. Je les écoutais me parler de la France éternelle qu'allait de Pagnol à Daudet, d'une France qui traversait tous les océans, et tous ces gens me disaient "nous" à propos d'éclatantes victoires sur le barbare ou l'obscurantiste. À les écouter, du désert de Gobi au Sahara, de Baton Rouge à Pondichéry, les Français (dont j'étais désormais) éclairaient le monde avec tendresse et bonhomie.

J'ai feint l'approbation et puis, subrepticement, sans m'en rendre compte, cet effort s'avéra inutile, c'était trop beau d'être fort et c'est de mon plein gré que j'ai cru à la fois à Gavroche et au père Noël. Juste une fois, le mari d'une de mes institutrices m'interpella :

— Comment t'appelles-tu déjà ?

— Magyd.

— Heu… C'est un peu compliqué pour moi, je t'appellerai Gilles.

C'est la seule fois où un ancestral gros mot vint stationner au bord de mes lèvres : le con de ta mère.

Ainsi j'ai appartenu à dix familles, je n'ai pas eu "le prof" mais plein de ces érudits qui ont tous fini dans mon escarcelle, soudés à ma volonté d'en être.

Mais faire "l'intelligent" ne suffisait pas, je doublais la mise en essayant d'inspirer des sentiments de pitié. Autrement dit, mon allégeance en échange du patrimoine.

Les hussards d'alors, encore en blouse grise et infectés de vocation républicaine, découvraient en ce début des années 1970 le fils d'immigré suivi de son géniteur hébété, le bicot.

À l'heure des convocations parentales, ils étaient pétrifiés du peu de mots, du degré zéro de l'échange et pratiquaient la chanson de geste comme s'ils avaient des sourds en guise d'interlocuteurs. Ou bien tentaient le "petit nègre" en détachant toutes les syllabes. Au fond de la classe, ça enrageait d'abréger le simulacre citoyen, de mettre le feu partout. Il n'était pas rare qu'un simple doigt dirigé vers l'un d'entre nous par le bienveillant pédagogue finisse par un lynchage de chez Texas.

— Il écoute pas en classe…

Et un tigre, bave aux lèvres, tombait sur le râble de son fils et le déchiquetait de la tête aux pieds non sans l'avoir auparavant éparpillé aux quatre coins de la classe et achevé à coups de pied dans le ventre. Il ne se passait pas une semaine sans qu'un "Mohamed" de son vrai nom Mounir ou Nacer ne soit fini par son père à coups de chaise sur le dos. Pas une semaine non plus sans qu'un ultimatum annonce la mort d'un prof.

— Je vais niquer ta mère et la bouillave après.

C'était un temps de hussards et la République ne cédait pas au coup de force indigène :

— Je vais te montrer qui c'est l'autorité.

— C'est ta maman! répondait l'effronté.

Et rebelote pour la ballade des sévices.

Pour de vrai, tout n'a pas été coloré de noir dans la piaule à Jules Ferry. Quand j'y pense je me dis qu'on a vécu l'extravagance. Et cette extravagance a débarqué quand on nous a tout de go annoncé que nos ancêtres étaient gaulois. Le croirez-vous ? On a aimé ! On n'a pas détesté ce conte de fées. La ballade des schizophrènes a commencé là, on n'avait pas dix ans.

Il faut dire qu'à l'intérieur de nos chaumières on racontait les Français dégueulasses, tortionnaires et mangeurs de porcs. À l'école, ces mêmes "porcs" nous raccrochaient à un incroyable arbre généalogique appelé "France". À cet âge, on n'a pas détesté appartenir à la "grande famille", c'était presque le sentiment de ne plus être orphelins. Enfin des réponses soulevaient la chape pour un éclaircissement de la genèse.

On ne savait rien de l'Algérie si ce n'est la guerre d'Algérie. En guise de socle, nos parents nous offraient leur lutte et pour peu qu'ils n'aient pas été des martyrs, ne restait plus que le mythe d'un peuple héroïque. On trouvait ça troublant que nos vieux aient été un temps des héros gigantesques puis, sous nos yeux, de pauvres analphabètes atterrés qui nous intimaient l'ordre de ne jamais quitter l'ombre de tous les platanes, de ne pas faire de vagues sous peine d'être renvoyés comme de vulgaires chahuteurs.

Trois formules consacrées nous étaient donc destinées. "Chut!", "Tais-toi!" ou "Ferme ta gueule!" (plus exactement : "Ferrrme ta guil").

On a été français un temps, le temps de la petite école qui nous voulait égaux en droits. On a aimé ce "nous" qui nous a faits frères avec les "cheveux lisses". On ne savait rien d'une quelconque histoire nous concernant, pas la moindre référence d'un grand homme de lettres, d'un poète, d'un peintre, d'un architecte de Béjaïa ou d'Alger, rien d'un sportif de Sidi Bel-Abbès ou d'un exploit auquel s'identifier. Alors on s'est agrippés au conte gaulois, aux pages pleines de héros blonds aux yeux d'émeraude et on trouvait ça chouette d'être blond, d'avoir les yeux bleus. On pensait que peut-être on pouvait le devenir, comme on trouve la foi à force de prière. Qu'il était beau le rêve. Être français tout doucement, par couches successives, sans efforts, et un beau jour :

— Bonjour Mohamed.

— Non moi c'est Jean-Philippe, comme Johnny.

Le temps de la petite école, on a aimé Jésus qu'avait le cœur sur la main, on a aimé Noël, Pâques et Mardi gras, que des fêtes sympas. On a même préféré les cow-boys aux Indiens, ces barbares au visage peint qui vous coupaient les couilles et la mèche. On préférait John Wayne. On ne savait pas à l'époque que les sauvages étaient nos frères jumeaux, on ne savait pas qui on était.

Oui, un temps, qu'est-ce qu'on a aimé être français!

On les a aimés, les rois de France. L'école certes distributrice de baffes offrait le rêve de têtes couronnées aussi sympas les unes que les autres – à commencer par les plus cools qu'on appelait "fainéants", puis le bon roi Henri IV et sa poule au pot, Saint Louis rendant la justice au pied du chêne, tous les François, Charles et j'en passe, tous aimés du peuple. Jusqu'à cinq heures on était peu ou prou protégés des "sale Arabe", des "rentre chez toi".

Français jusqu'à dix-sept heures! Et ensuite la rue nous broyait.

On a aimé être français parce que les Français disent au conjoint "mon amour", "mon chéri", "ma puce", "mon trésor". Chez nous la femme disait "ho" à son mari et lui-même éructait des "hé" pour lui répondre. Jamais je n'avais entendu ma mère appeler mon vieux par son prénom. On était d'ailleurs terrifiés à l'idée qu'elle le fasse un jour.

On a aimé être français parce que "chez nous", la terre est si sèche que tous les arbres y meurent, même les oliviers qui boivent si peu d'eau. Et encore, je dis "chez nous" mais l'Algérie c'était pour nous l'Arabie, une steppe jaunâtre habitée de turbans, de chéchias, de gandouras et claquettes. C'était nous sans être nous, une impression vertigineuse de dédoublement de la personnalité. Dur quand James Brown déjà faisait claquer ses talonnettes en éructant *"Get up! Get hou lup!"* Qu'est-ce que je l'ai cherché, mon James! Quelqu'un de chez nous allait-il l'incarner un jour? Qu'on puisse, bordel, s'identifier!

Mais voilà : pas de James mais des Mohamed à moustaches. On n'en voulait pas de cette identité de pauvre. "Chez nous", pas de paillettes, pas de strass, pas de musique électrique, que des bendirs et des karkabous.

Et merde!

"On n'en veut pas de la danse du ventre."

Ce ventre qu'il nous était interdit d'approcher. La funky déjà frottait les corps, on était chauds, on voulait de ces danses qui simulent l'amour. On cherchait des modèles et Malcolm X, Mohamed Ali, Bruce Lee aussi nous allaient bien. À douze ans que faire d'un Kadhafi, d'un Boumédiène, d'un Hassan, d'un Bourguiba, z'avaient pas la classe. Que faire de ces commandeurs autoritaires jamais accompagnés d'épouses mais cernés de harems.

On n'a pas aimé être arabes, l'être c'était suggérer la baguette qui fouette la plante des pieds, une langue étrangère, le frisou du cheveu, la pelle et le marteau-piqueur, le tabou de tout, l'à-peu-près permanent.

Enfant, on se rêvait noir comme Nougaro ou blanc comme Armstrong, on en crevait d'être incorrectement définis, flous. La preuve, on se traitait entre Arabes de sale Arabe. Arabe comme une non-définition.

On vivait en France, nous fallait un passeport pour passer d'un blanc à l'autre. À l'intérieur des maisons fallait, entre un fils et sa mère, un traducteur des hautes écoles orientalistes. Exemple :

— Ti va à la sucrriti, ti monti troi mitaj et ti donn li cachi di disser!

— Quoi ?

— (Traduction.) Tu vas à la Sécu, tu montes trois étages et tu donnes le casier judiciaire!

"Li cachi di disser", m'a fallu quinze ans pour comprendre qu'il s'agissait du "casier judiciaire"! Allez, un Alka-Seltzer!

Pendant ce temps, à l'école, j'entendais :

— T'es français, tu as toute ta place, la République ne reconnaît que des citoyens, on ne trie pas selon la race, la couleur, ou la religion…

Blablabla, ça faisait chaud au cœur mais putain, ce que ça sonnait faux… Mais j'étais dans leur escarcelle et c'est tout ce qui comptait. Je comblais des vides d'idéalistes, j'incarnais l'espoir de la fraternité de demain. Une République cosmopolite, mes couilles.

Dans cette excroissance humaniste et factice j'ai été malin, j'ai fait semblant sans être tout à fait faux. Je me suis mis dans la poche tous ceux qui avaient quelque chose à m'apporter. J'ai fait mes courses de classe en classe, picorant çà et là la possibilité d'un envol sans retour à l'envoyeur.

Ma mère aussi, pas folle, me jetait comme une boule incandescente de l'un à l'autre, et ça marchait. Mes Français brûlaient de croire qu'ils tenaient un héritier des Lumières sauf qu'ils ne regardaient que devant, oubliant de remblayer ce gouffre qu'était mon passé. Et du passé, j'en avais besoin.

C'était la même chose pour mes potes. Ils voulaient en découdre avec ce qui était décousu, ils voulaient réduire la matière, lui reprochant tout simplement de l'être. Ils se nourrissaient de la malédiction comme un vampire de l'hémoglobine. Ils en voulaient à l'antimatière de leur échapper. Ils respiraient le dégoût d'eux-mêmes, celui d'être arabes, pauvres et damnés, et me faisaient payer de ne pas l'être autant qu'eux. Ils s'appelaient "les mange-merde". La malédiction hissée haut.

Ils voulaient en découdre et moi j'éprouvais des sentiments contraires, j'avais des envies d'acquiescer, de dire oui, de faire allégeance au verbe français, je n'avais pas de muscles. J'étais molletonné par une mère trop inquiète pour que je puisse jouir d'une écorchure, éprouver la douleur d'une bosse ou d'un quelconque bleu. Elle anticipait même les crocs-en-jambe. J'ai fini mou et docile à l'injonction d'apprendre. Elle a écarté tant d'obstacles que j'ai cédé à l'évidence du droit chemin. Je suis entré dans ses ordres et dans le rang, mais, bizarre, en intégrer un c'était quitter l'autre. Celui de mes copains manouches qui conjuguaient tout à la première personne du pluriel.

Et les souvenirs me rattrapent…

— Hé, copain, tu v'nons à la pêche avec moi et l'Giovanni. Dans ma tête je corrigeais ; mais non, cervelle d'écureuil, on parle pas comme ça, on dit : "Ça t'intéresse de te joindre à nous, on va à la pêche Giovanni *et moi*, et non *moi et le* Giovanni… Le pronom (moi) passe toujours après un protagoniste précité, c'est la règle de…"

Mais je me serais entendu dire :

— Les prota quoi ?…

— Les protagonistes.

— C'est quoi ça, des pédés… comme toi.

J'allais ainsi, moqué, roué de coups au fur et à mesure de l'acquisition linguistique et le fossé se creusait. Je gagnais en mépris ce qui auparavant chez moi cédait à la peur. C'est ainsi que la nuit je rêvais l'ouverture des livres, oui je m'amusais à ouvrir des livres assis sur un banc au beau milieu de la cité. Stupide à dire comme ça mais je rêvais que j'osais ouvrir un livre en public. Je m'asseyais sur un banc avec l'appréhension de celui qui allait perdre ses dents.

J'ouvrais le livre et mes yeux balayaient les alentours au cas où. Je ne lisais pas, j'attendais en comptant les secondes plus vite que l'aiguille. Je comptais, essayant de battre des records de livre ouvert en zone inhospitalière… et soudain je prenais mes jambes à mon cou, poursuivi par des fantômes armés d'un bâton enduit d'huile pour moteur diesel.

Allez, la prochaine fois je tente les deux minutes montre en main. La semaine d'après je m'aventurais jusqu'à trois minutes. Les copains passaient et, comme s'ils ne croyaient pas en la scène qui se déroulait sous leurs yeux, ils restaient là l'œil vitreux, le regard poisson. La présence d'un livre leur apparaissait trop surréaliste pour croire que ça en était un.

— Non, il lit pas, c'est une boîte pour les hameçons, y va pêcher avec le Giovanni.

— S'y faut c'est des chocolats, y s'débourr' en douce.

Puis ils se sont éloignés, m'accordant le bénéfice de nos origines, en tout cas son résidu.

Mes copains bloquaient face à tout ce qui s'apparente à l'école, à l'apprentissage des phrases – à construire dans un sens ou dans un autre. Leur révolte trouvait un sens à contre-courant du sensé, leurs mots devaient exprimer l'état du moment qui était rarement paisible.

À peine ouverts les yeux qu'on les traquait, on les sommait d'être utiles au foyer à n'importe quel prix, on les chassait du lit à coups de pompe pour aller gagner un pécule ou simplement évacuer les lieux, faire place et déguerpir avec un estomac vide qui vous rendait dès l'enfance un peu moins humain et un peu plus prédateur. Ma mère à moi nous gavait comme des canards.

Alors bien sûr la première victime portait la blouse grise et très vite il n'a plus été question pour les uns d'instruire ou pour les autres d'apprendre. La guerre fut déclarée qu'allait durer cent ans.

Les livres étant devenus une concentration de la douleur et la douleur un explosif instable, ils ont très vite symbolisé l'affront. Tous ces bouquins ne disaient rien de bien sur nous, ne nous éclairaient en rien sur le présent ni sur le passé et dessinaient un *no future* indigène.

Qu'on imagine le jour où on s'est retrouvés nez à nez en cours d'histoire avec un dessin qui représentait Charles Martel ayant battu les Arabes à Poitiers! Lui, Charles, se tenait droit, dressé comme un *i*, fier, blond, le cheveu lisse, et son cheval majestueusement cambré écrasait des Arabes dépenaillés, gueulards, frisés, bouches ouvertes et désarçonnés. Comme un seul homme on a fait : "C'est nous!" Pas comme une interrogation mais plutôt comme une évidence, pire, un flagrant délit de cruauté héréditaire, de tare congénitale. C'était donc ça ce "nous", c'était donc ça l'Arabe? On comprenait mieux les sobriquets tombés sur nos parents. On a glissé sous la table, acceptant l'évidence d'une page d'histoire.

Oui, les livres mettaient l'accent sur tout ce qui nous faisait défaut. On empêchait la civilisation de s'étendre. On était génétiquement coupables.

Pourtant je me rappelle ne pas avoir cédé, je m'identifiais pas "arabe", je cherchais quelque jonction maligne, un trait d'union qui m'eût fait plus humain. Il me fallait juste être un peu plus hypocrite, masquer le déficit par un complément de couardise bien agencé.

À dix ans déjà j'étais Sisyphe, je grimpais, fier de sentir ce reste de courage. Finis Taoues et Hachemi, finis maman, papa, j'ai englouti mes vieux, les ai remplacés par des dieux blancs.

Tranquillement, ma peau s'est épaissie mais au fil de l'apprentissage je sentais quelque chose se rompre, chaque mot nouvellement acquis m'éloignait de mes frères. Bizarrement je devenais l'étranger des miens, ces miens que je ne savais plus qualifier. Le temps nous faisait plus voisins de palier qu'amis d'enfance.

Ils devenaient "les autres". Je me rendais à l'évidence, les "miens" n'étaient pas tant les "miens" hormis la ressemblance physique, et je me suis plu à être la victime d'un racisme de la ressemblance.

On t'aime pas! murmurait l'écho des potes. On t'aime pas parce que tu nous ressembles et que tu cherches à pas nous ressembler. Tu cherches quoi avec tous ces mots que t'apprends?

C'était aussi ma question. Bien sûr je sentais dans mon ventre qu'il s'agissait de sauver ma mère, mais la sauver de quoi au juste? C'était flou. Elle-même ne me dessinait rien de précis. Ne savait pas ce qu'elle attendait d'elle, ni ce qu'elle attendait de moi. Juste l'idée d'une frustration qui lui bouffait les tripes. Elle ignorait ce qu'elle était en droit d'exiger des autorités pédagogues ou répressives. Une certitude, il fallait d'abord être fort, c'est donc que nous étions faibles, fallait assurer en cours, c'est donc qu'elle avait failli. Fallait pas non plus être ce que nous avions toujours été… Mais quoi?… Arabe? Musulman? Brun? Pauvre?

Une saison de brouillard posait ses valises à mes pieds.

— Mais si je continue d'apprendre, maman, je ne serai plus toi, tu vas me faire ton pire ennemi! Je vais te crever.

Sentence:

— Sois mon ennemi mais sois.

Quant aux copains. À chaque mot acquis, j'entendais: "T'es un traître, un traître à la cause, tu renies ta race et le Prophète." Les mots m'éloignaient et je sentais se transformer les bras de ma mère en un landau d'épines. Je sentais les mots découdre mon enfance et tout autant l'obscurité.

Un jour, j'ai utilisé le mot "éventuellement" (premier adverbe prononcé dans la cité) à l'endroit d'un copain qui me proposait une place de remplaçant pour un tournoi de foot, un tournoi de sixte. Un sixième coéquipier faisait défaut.

— Alors tu viens ?

— Heu… éventuellement.

Et là…

— Oh le casse-couilles, tu peux pas répondre normal !

— Ben quoi ?

— Faut toujours que tu nous sortes tes mots de l'école, on s'en branle de l'école de tous tes morts, parle comme tout le monde !

J'ai feint l'incompréhension :

— Comment tout le monde ?

— Eh bé ! Tu dis oui ou tu dis non, c'est tout.

Et plutôt que de céder sur un terrain qui m'était favorable, j'ai joué l'innocence de plus belle pour obtenir une exaspération qui n'a pas tardé.

— Le con de ta mère.

— Ben quoi c'est un mot, c'est tout.

— Non c'est pas un mot, c'est ta grand-mère qu'a mangé des livres et c'est toi qui les craches par le cul, tu pues c'est tout et puis d'abord tu joues pas !

D'adverbes en épithètes, de locutions en locutions, je devrais dire de mépris en méprise, j'ai encore moins joué au foot, je suis passé de milieu de terrain à latéral gauche ou droit (une humiliation pour tout enfant de quartier qui se respecte), puis finalement remplaçant et, déchéance suprême, peleur d'oranges pendant la mi-temps.

— Tu joues plus ? s'étonnaient mes petits frères.

— Non, j'ai mal aux chevilles.

Et j'ai fini par m'asseoir sur le banc de la cité, je veux dire par réellement poser mon cul sur la banquette en béton, livre en main.

Momo et Samir, mes deux "pédés" de potes qui en pinçaient aussi pour la littérature, tentèrent de me dissuader.

— Mais qu'est-ce que t'en as à foutre, dans cinq ans on sera plus là.

— Ben oui c'est des tarés, ne fais pas ça! me disait l'un.

— Chiche, lui répondait l'autre.

J'essayais, moi, de me convaincre de ne penser qu'à moi.

Voilà donc qu'un jour je suis sorti sans cacher l'objet de tous les délits. Je me suis assis, sûr de mon fait. Pour une fois sans trembler j'ai ouvert mon livre et tranquillement j'ai basculé dans les jabots, les hauts-de-forme, les gilets de soie, les robes à taille haute remontées sous les seins et largement décolletées du roman *Une vie* de Maupassant. C'est là qu'étaient les miens, ces héros du XIXe, fardés romantiques et sans muscles.

Je lisais depuis quelques minutes quand trois lascars, Mounir, Saïd et Fred le Gitan se sont approchés de moi…

— Qu'est-ce tu fais?

— Heu… je lis.

— T'es un pédé ou quoi? Pourquoi tu fais ça?

— Non mais c'est pour l'école.

— Qu'est-ce qu'on s'en fout de l'école, tu veux des bonnes notes, c'est ça?

— Non, non…

— T'as qu'à lui dire à ton prof qu'on est pas des pédés!

— D'accord.

— D'accord…!? T'es français, c'est ça, tu veux sucer les Français?

— Non.

— Et ça c'est quoi? Montre!

Il m'a arraché le livre des mains, a lu :

— Une vie… de Mau… passant, c'est un pédé lui aussi!

— Mais non c'est pas un pédé.

— C'est quoi alors?

— Un écrivain.

— C'est ça, c'est un pédé.

Saïd a jeté le livre non sans l'avoir éclaté de la pointe de sa chaussure, j'ai pas bougé et un deuxième coup de pied circulaire me coucha dessus. Le temps de quelques étoiles tournoyantes, je ne savais plus s'il s'agissait de mes rêves récurrents ou d'une banale réalité orchestrée par mes soins. Enfin il était là, le coup de pompe tant attendu. Enfin je le tenais, le prétexte de la rupture.

Donner à ma passion de lire, d'écrire, un argument pour exister au grand jour, il en sera bel et bien terminé des "pédé", la jouer couilles contre couilles. Celles du poing contre celles de la rime. Le face-à-face mortel et définitif, et finir vainqueur.

Ah si ma mère avait pu me voir, certes passif et sans riposte mais resté droit dans mes bottes et devant la jambe qui m'a fait disparaître du banc!

Ils sont repartis avec des "pédé" plein la bouche, et moi tout en m'essuyant les lèvres j'ai pensé : c'est quoi ce lien entre littérature et homosexualité? Peut-être que c'est vrai, nous gens de l'écriture on a quelque chose d'une tapette? D'ailleurs ils sont rares les poètes qui montent sur un ring.

Tout en me tenant la joue ou ce qu'il en restait, je sondais en moi l'homosexuel possible ou patent mais rien... Je bandais trop pour les filles et le regrettais presque.

Je regrettais ma normalité hétéro... Car quitte à ne pas passer pour un homme, autant être ambigu et porter l'art d'écrire à son sommet, aux confins de la transgression tout en ne le souhaitant pas tout à fait.

J'étais par terre mais fier d'avoir été simplement moi-même, un amoureux des lettres au grand jour, je me suis senti léger, débarrassé de faux-semblants. J'allais enfin être accepté et avec moi, deux trois autres férus de lettres et tout ça sans compromission.

Pédé, tarlouze, tapette... Ces adjectifs dérisoires. Je suis rentré chez moi non sans remercier Maupassant d'avoir aidé à l'improbable dialogue, heureux, juste soucieux du parfait alignement de mes dents de devant.

Dès l'âge de douze ans j'étais donc devenu le mac du poème, l'Al Capone du vers. Un pur voyou de la plume.

Une fois écrits, mes vers comme de braves soldats partaient vaincre les cœurs les plus taciturnes, parfois même obtenaient le Graal au fond des cuisses les plus braves… mais sans moi.

D'une famille à l'autre, j'accumulais des trésors de passe-droits en remplissant des formulaires administratifs qui m'ouvraient à l'envie des unes de me posséder, aux plans plus machiavéliques des autres de m'officialiser "gendre". J'abusais la famille qui n'était en vérité qu'une dépouille agonisante que je becquetais comme un charognard.

Ma mère toujours voulait que je sois "bon", donc méchant.

— Sois français, bordel, mais ne le deviens pas. Grand écart.

Et pour y arriver, elle m'a jeté dans les bras d'Élise.

Élise, c'était la fille de l'épicière, de quatre ans mon aînée. Elle m'aidait à faire mes devoirs.

Un soir de vaillance grammairienne, elle m'annonça :

— Si tu m'écris un poème, je te suce.

Je ne savais pas ce que voulait dire "sucer", mais ça m'évoquait du bonheur. L'impression d'être derrière une porte dont j'avais la clé mais sans oser l'ouvrir. J'étais chaud à l'idée de découvrir le grand secret de Dieu, en tout cas le plus grand du monde, et j'ai passé des jours liquides à me demander si je devais pousser cette porte ou pas. Qu'allais-je perdre? Un trésor inestimable?

Des jours entiers à trembler et quand elle revenait corriger quelques fautes d'orthographe je disparaissais de la surface de la terre.

Et puis un jour, je lui ai écrit le quatrain d'un allumé de douze ans, genre :

Ma perle, mon cadeau je suis à tes côtés
pour écouter ta peau regarder ta beauté
tu es comme un soleil qui m'offre son rayon
sans peur parce que des rayons tu en as des millions

Je lui ai dit :
— Tiens.
Elle a ouvert l'enveloppe a lu, a souri et creusé ma joue d'une bise gourmande.
— Bon! a-t-elle fait. Chose promise chose due, samedi matin, viens me voir, maman sera pas là… N'oublie pas tes cahiers.
À nouveau j'ai tremblé. À nouveau, me suis retrouvé devant la grande porte noire. Le samedi, elle m'a accueilli avec une de ses bises qui vous emboutissaient la gencive.
— Assieds-toi.
Elle s'est assise près de moi et, pendant que mes yeux sondaient le vide, les siens furetaient mon profil

de la tempe à la bouche. Alors sa main doucement s'est posée à l'intérieur de ma cuisse et a commencé l'escalade jusqu'à mon bouton de braguette qu'elle a défait, puis j'ai senti descendre la fermeture éclair, je ne respirais plus, je m'étais juste transformé en un bloc de béton. Mes mains se sont agrippées aux coins de la table et après m'avoir écarté les jambes hardiment, elle s'est penchée sous mon ventre et le béton s'est fait armé.

J'ai senti son agacement. Me suis vu plus victime d'une agression que lauréat d'une épreuve. Elle s'est redressée furieuse et bientôt impatiente.

— Eh bé... ?

Elle a replongé bouche en tête à l'endroit de ma braguette et mes jambes se sont définitivement fermées.

— Bon, comme tu veux.

Mais plutôt que de m'envoyer paître, elle a repris ses esprits.

— Bon, qu'est-ce que tu veux réviser ? Allez vite, j'ai pas le temps.

Je ne sais plus ce que j'ai feint d'étudier mais je sais qu'elle a disparu un moment, qu'elle est revenue et m'a fait :

— Tiens, reprends ton poème.

J'ai ensuite passé des mois à me cogner la tête contre les murs.

Une fois pourtant j'ai été à deux doigts d'abandonner l'encre et la plume, oui une fois j'ai failli tout abandonner. J'étais comme à l'accoutumée couché sur l'herbe derrière la ligne de touche dans ce qui nous servait de terrain de football, en train d'aligner de minables alexandrins quand Gibon s'est approché de moi. Gibon était un des grands de la cité, un taiseux qui avait la réputation de ne laisser ses victimes qu'en lambeaux. Il n'était pas beau, et tout plein de cicatrices flattaient la laideur faite homme. Il ne connaissait que la loi du ring, le face-à-face sans arbitre ni règles d'apitoiement. Chaque duel devait s'achever par un émiettement de l'adversaire. Quand il accrochait une proie, il la broyait à la force des poings, la finissait à coups de tête et, quand la dépouille bougeait encore, il lui assenait des coups de pied. Et tout ça en hurlant des : "Con de ta mère!"

Plus d'une fois, disait-on, il avait imposé aux plus récalcitrants des frottis de bâton enduit d'huile de moteur sur toute la surface de l'anus. Ça n'allait pas plus loin, ici on respecte son adversaire. Son unique règle, trois affirmations : J'suis laid, je hais, je tue.

Quand il m'aborda ce jour-là, c'était un jeune homme en fin de parcours, usé par les combats, les arrestations policières et les sévices des maisons de correction, ne lui restait qu'une légende déjà ancienne, il avait vingt ans et en paraissait quarante. Il s'est planté devant moi, debout jambes écartées.

— C'est toi le poète ?

Je crois ne pas avoir moufté, la peur sans doute d'extraire une syllabe qui le froisserait et me verrait illico écartelé entre les poteaux du gardien de but pour finir rongé par sa mâchoire accidentée, proposé comme cible aux canonniers de la cité, en quelque sorte lapidé par une balle en cuir. C'eût été long.

Il m'a arraché mon petit cahier de poèmes, a lu et a conclu :

— Ça vaut tchi ça, p'tit frère, c'est de la merde.

D'abord je me suis dit : "Il sait donc lire ?"

Il a lu et cette image-là est encore incrustée dans mon crâne. L'image de Gibon lisant des alexandrins à la con. Un ours lisant Flaubert, c'est ça! J'ai vu ce jour-là un animal s'attaquer à la lecture d'un roman du XIXᵉ.

— Prends ton stylo gamin, écris.

Il a dicté. Me suis exécuté.

— "Je vais te sucer la gorge et manger ta bouche, ton cul je vais le tordre comme un guidon et tu vas bouger comme une balançoire. Je vais casser ton pépin, de partout je vais t'ouvrir avec les doigts, tu vas couiner comme la bête sous les coups de mon chib, tu vas mariner dans la bave, je vais plier tous tes morts et tu vas chier les défunts comme les vivants, tout ce qui vit dans ta peau je vais le torturer et quand y aura plus que des trous je vais te fourrer à la vaillante, tu vas tourner comme les ailes du moulin, et quand tu seras plus que de la poudre j'vais te lécher l'con. Je vais t'esquinter salope, que les vautours diront y a plus que tchi à manger."

J'ai dégluti un litre de salive. Ç'a été mon premier porno, un écran s'était étalé sous mes yeux, immense. J'ai vu le plus beau film qu'il ait été donné de voir à un morveux. Je me souviens, j'écrivais et me surprenais main gauche à gratter ma braguette. Je le voyais lui, nu, gladiateur, fougueux, barbare, je la voyais elle, femelle ardente et repue. J'imaginais la Belle et la Bête. Le vrai conte était là qui sublime la femme et soulage un guerrier, et j'ai compris la baise que les Blancs appellent l'amour. Cet homme valait cinquante imams, cinquante curés et autant de rabbins, il racontait la vie, la preuve… J'ai bandé dur.

À la fin il m'a dit :

— Dégage bâtard, va apprendre à écrire sous les couilles à ton père.

J'suis parti en courant, serrant le livre d'or comme une bague désormais poinçonnée "or". J'ai couru sans me retourner avec mon bréviaire d'amour, couru jusqu'au bois d'à côté pour me cacher, reprendre mes esprits et quand enfin je me suis trouvé à l'abri des regards, me suis caché comme un môme salit un mur sans motivation autre que de le salir. C'était comme un géniteur clandestin refusant de transmettre à son fils le goût de ce qui vaut le coup.

Les années passaient ainsi, féroces dehors, mielleuses sous l'aisselle à maman. Au collège, Jules (de son nom Ferry) imposa dès la cinquième un premier gros obstacle. À la fin de cette année maudite les "Arabes" basculaient sans s'en apercevoir dans la section atelier. J'ai fait mes premiers adieux à mes potes, à mon grand frère surtout qui s'est vu proposer, lui qui voulait être Pelé, une formation d'ajusteur-tourneur-fraiseur, les autres une spécialité nommée bois et bâtiment. Ils sont d'abord devenus tristes et puis méchants. Quant à moi, ma mère s'était chargée de constituer un épais dossier médical pour me faire passer la douane sans encombre. C'est de cette terreur qu'est née l'idée d'un soutien scolaire. Trop mal au cœur, l'idée nous est venue à quelques-uns d'un cataplasme qui aiderait à contourner les pièges, sauter plus aisément par-dessus les obstacles, esquiver comme on le disait à l'époque "les barrières à bicots".

Qu'ils aillent se les chercher ailleurs, leurs "travailleurs manuels"!

Déjà la vengeance empoisonnait notre souci du pédagogique ou autre idée de l'instruction qui fait le "civilisé".

C'est vous dire si mon passage en seconde a fait suffoquer ma mère, elle y croyait plus. Le bac alors montrait le bout de son nez, maman déposait elle-même une couronne sur sa tête et moi me suis cru parvenu au stade qui vous consacre écrivain ès qualités.

Tout ça encourageait mon copain Samir qui me suivait à la trace. Il incendiait mon orgueil.

— Écris un truc qui ait du sens! Font chier tes poèmes!

Ça résonnait chez moi comme la cloche de Notre-Dame et j'étais attaché près d'elle à l'heure du tintamarre… Ding dong! Ding dong! Il attendait du Martin Luther King mais j'avais dix-huit ans et ne m'identifiais encore qu'en fils de pauvre. À défaut d'un discours qu'on ne manquerait pas de graver dans le marbre après ma mort, je me contentais de gribouiller des saynètes marrantes sur notre vie de jeunes de quartier. C'était pas la panacée mais j'y trouvais un mérite, je distrayais ma bande, puis tout ça alimentait un modeste atelier de théâtre que nous avions créé, et tout le reste de la vie.

Momo, mon autre meilleur ami, me demandait d'être Molière. Hélène, ma grande amie, me parlait d'Hannah Arendt et Virginia Woolf et chacun y allait de son injonction pour assouvir un je-ne-sais-quoi de sa névrose et de sa quête identitaire.

Moi, en attendant le grand jour qui me verrait couronné "Steinbeck des quartiers nord", j'accumulais mes scènes et je finissais par avoir de quoi tenir un spectacle entier. J'imaginais déjà un chapiteau planté au milieu du quartier et toutes les familles qui viendraient assister au premier spectacle vivant de leur vie. J'en salivais d'être ce pionnier-là.

Avec ma petite bande, on se retrouvait deux ou trois fois par semaine dans le minuscule théâtre de notre quartier. Ce soir-là je mettais en scène Samir et Momo.

Alors Hélène boudeuse s'est une énième fois insurgée d'un "Toujours les garçons"…

Et c'est vrai qu'une gêne me tripotait les neurones de pas plus solliciter les filles et, pire! j'écrivais de moins en moins de rôles féminins.

Lassitude d'entendre les copines : "Je peux pas ce soir, ma mère veut pas que je sorte…"

Le barrage d'un frangin, d'un cousin, d'un voisin… expliquait sans doute cela. Hélène s'irritait de me voir aussi facilement baisser les bras.

— M'enfin, elles ne peuvent pas être que spectatrices d'un atelier théâtre, c'est pas possible, tu te rends compte du message qu'on leur envoie? Autant qu'elles fassent des tartes ou qu'elles restent à la maison, c'est mieux que l'illusion de participer!

Je partageais cet avis, et ne faire le boulot qu'à moitié nous mortifiait dans tous les coins. Elle reconnaissait pourtant mes efforts pour parvenir à une forme d'équité entre filles et garçons, mais nous étions quartier nord, c'était pas tout à fait la France de l'égalité des droits. On était au début des années 1980. La fin des illusions pour certains, le commencement d'autres pour nous.

Deux petits spots éclairaient la scène sur laquelle Samir et Momo évoluaient. J'avais imaginé une situation dans laquelle deux potes découvrant l'appartement d'un ami "français" décryptent une affiche sur le mur où il est écrit :

"Les hommes naissent libres et égaux en droits."

Samir entre en scène, s'approche de l'affiche et, narquois, la lit :

— Les hommes naissent libres et égaux? Il y croit ma parole.

— Ou bien c'est de la provoc.

— Non non, il y croit!

— Attends, c'est pas un imbécile.

— Ah ça non, il a même son bac.

— Il a son bac?

— Avec mention.

— Et il affiche ça?

— C'est à croire...

— Et il reçoit des gens?

— Oui.

— Qui lisent ça?

— Oui.

— Et personne lui dit rien?

— Non, il assume.

— Il assume?

— Il assume.

— Allez, on se casse!

Momo fait mine de partir... Samir reste et colle son nez sur l'affiche.

— Qu'est-ce que tu fous?

— Attends, je lis (il décroche l'espèce de tableau), oui c'est bien ça... "Les hommes naissent libres et égaux..." C'est-y pas joli ça, c'est quand même une belle phrase... "Libres et égaux", j'adore... C'est de qui?... Vu la zénitude de la phrase, c'est du japonais à coup sûr, ou du chinois... Non! Non! C'est pas un Français qui aurait écrit un truc pareil... "Les hommes naissent libres et égaux..." Y a un truc qui cloche.

— Ben oui y a un truc qui cloche, elle est incomplète cette phrase, elle est mal finie (il s'approche), y a un truc à compléter… (il fait mine de réfléchir et soudain) Mais oui!… Les hommes naissent libres et égaux… entre midi et deux.

— Excellent… Les hommes naissent libres et égaux entre midi et deux!… Hum, c'est peut-être un peu strict, attends voir, les hommes naissent libres et égaux… du côté de chez Swann!

— Oui très bon! Voyons, voyons si on peut pas faire mieux, les hommes naissent libres et égaux…

Et l'autre répond :

— S'y font pas chier!

— Oui! C'est ça! Le bout qui manquait, s'y font pas chier!

En bas, les filles se tordaient de rire, Hakima se tenait les boyaux, Agnès se répandait sur l'épaule d'Hélène, ma sœur Fouzia et son indécrottable copine Hasnia n'étaient pas en reste. Moi je me frottais le bout des ongles de plaisir, je sirotais le succès d'une de mes vannes… Sur scène, mes deux comparses en rajoutaient, portés par l'hilarité générale.

— Les hommes naissent libres et égaux… si…

C'est là que les deux battants de la porte d'entrée ont claqué contre le mur, provoquant la stupeur générale.

Elle est apparue comme un fantôme, bras ballants et la figure baignée de bave et de sang, ce n'étaient plus des cris qu'elle expurgeait mais des sons rauques venus du plus profond de sa poitrine. J'ai eu du mal à la reconnaître, elle grognait des :

— Maaaadg'… Maaaadg'…

D'entendre mon prénom de la sorte, je jure que jamais depuis la terreur ne m'a autant saisi. Elle hurlait moins de douleur que de l'envie de cesser de vivre sur-le-champ.

C'était Bija, une fille de notre bande, qui cognait sa tête contre les tables et sur les murs. Rien n'y faisait, elle mourait pas. Les filles devant ce visage tuméfié poussaient des cris encore plus horribles et comme des mouches l'ont encerclée en partageant des hurlements d'un autre monde. Des sons plus aigus les uns que les autres fissuraient nos tympans. Sur son visage, un carnage. Ses deux lèvres fendues se détachaient littéralement de la bouche et son nez n'était plus qu'une boursouflure pourpre. Ses joues semblaient cisaillées à la pierre et les deux arcades dégoulinaient sur ses yeux.

Elle s'est écroulée de tout son corps, j'ai juste eu le temps d'amortir sa chute. Au bout d'un long moment son souffle a repris de sa régularité. Le mot sidération n'avait jamais si bien été illustré. Je restais là avec mes deux potes incapables d'accrocher une syllabe à la lèvre.

Nous n'avions pas besoin d'explication, les coupables se désignaient d'eux-mêmes dans ce déchaînement inhumain. Son frère Nacer, son père, ou les deux.

Nul besoin d'enquête ou de questions, juste que nous étions désespérés de n'y rien pouvoir faire. Le diagnostic était simple : la bêtise. Les scénarios possibles, nous les connaissions à l'avance, et porter plainte c'était la condamner définitivement, l'écarter un peu plus de nous, presque la trahir. Elle ne nous pardonnerait jamais d'ainsi la montrer au grand jour, dénonçant père et mère et toute la fratrie.

Nous n'en étions pas à notre premier dilemme, les grands écarts, nous les enchaînions au fur et à mesure des dérouillées et chaque fois l'espoir que tout cela s'amenuise nous (si j'ose dire) encourageait à poursuivre sans faiblir. Mais nous avions atteint ce soir-là un degré de violence invraisemblable. Passant de l'extrême légèreté à l'horreur absolue en moins d'une seconde. La frayeur un instant effaça les sexes, toutes les différences supposées entre filles et garçons. Nous n'étions qu'un éboulis de cœurs brisés. La rage a déferlé dans mon cœur…

— Putains d'Arabes, et de bougnoules! Je vous hais et vomis tout ce qui me lie à vous, je conspue votre race de dégénérés sans âme, je vous encule même et vous renvoie à l'Empire qui vous a vus courber l'échine et lécher le pied du maître…

Elle nous dirait plus tard, dans son lit d'hôpital, qu'ils s'étaient jetés sur elle pour la simple raison qu'elle lisait un livre. Père et frère d'une seule main l'avaient déchiquetée pour un bouquin. Ils l'avaient avertie maintes fois qu'ils ne voulaient plus la voir lire, ils avaient même jeté le moindre objet qui s'apparentait à des feuilles reliées.

Elle s'était dit : "Je vais m'en passer" et se contentait de quelques heures en notre compagnie pour lire. Puis un jour de malheur je lui avais parlé d'un livre démoniaque de Zweig, *Vingt-quatre heures de la vie d'une femme*, qui raconte l'histoire d'une bourgeoise à qui rien ne manque et qui abandonne tout pour vivre l'amour qu'elle croit vrai et le temps de vingt-quatre heures, elle finit par tout perdre.

Mon récit l'avait envoûtée et elle n'avait pu résister davantage. Ensuite ils l'ont surprise l'objet entre les mains et après s'être concertés, les deux bourreaux se sont mis en tête de lui arracher les yeux, d'où cette peau pendante des sourcils à la joue.

Après avoir raconté ça, elle a ri en disant : "Quand ils m'ont attrapée j'avais fini le livre alors je pouvais mourir."

J'ai maudit cette illusion de croire qu'un livre vous sauve, un livre quartier nord ça vous écourte le passage sur terre.

Puis j'ai pensé à ma mère, cette Algérienne farouche descendue des montagnes contre son gré pour suivre son mari installé en France. Très vite elle avait pleuré de se retrouver moins que ce qu'elle n'était déjà, une étrangère sans langue, sans mots et sans parole. Elle n'avait plus arrêté de pleurer et quand le chagrin ne se pointait pas au coin des yeux, elle le convoquait comme un rite. Un rite d'ailleurs qui ne se privait pas de lui dire : "Je suis à sec! Pas aujourd'hui."

Tant pis, elle forçait sa nature et puisait jusqu'aux dernières réserves. "Je suis à sec! répétait le rite, ou alors bois si tu veux que je réamorce la pompe!"

Sa mécanique lacrymale ne s'était jamais enrayée et si aujourd'hui j'en ris, longtemps j'ai espéré qu'un jour autant de sel lui scotche définitivement les paupières, et tout ça pourquoi?

Elle disait : "J'ai même pas été femme."

Mais qu'avait-elle donc été?

Et c'est pour cette raison qu'elle n'aimait pas être gaie. La gaieté l'agaçait comme une pause inadmissible de l'intelligence, un arrêt de l'activité cérébrale. Dans un soubresaut de rancœur, elle préférait rester triste mais en éveil pour ne pas oublier que sa vie n'allait rien produire de littéraire si ce n'est cette affirmation que je n'ai jamais perdue de vue : "Je n'ai même pas été femme…"

C'est là que j'ai compris que je devais très vite savoir qui j'étais, en tout cas choisir ce que j'avais envie de devenir, faire un choix qui m'identifie au plus juste, en gros que devais-je être? Arabo-beur, franco-musulman, berbéro-toulousain, gaulo-beur, franco-kabyle, maghrébo-apostat… j'arrête là.

Quand l'ambulance s'est éloignée ce soir-là, Hélène nous a proposé d'aller boire un coup en ville, j'ai fait :

— Ouais, sortons de ce quartier de merde, j'ai envie de croiser des Français, de beaux blonds qui écoutent les Clash et Ferré, même Sardou. J'ai envie de voir des familles avec un fils unique qui utilisent le passé simple à bon escient et l'imparfait comme il se doit. Voir un putain de couple qui se dirait "je t'aime" et qui se roulerait des pelles en public, même qu'on verrait les langues s'enrouler l'une dans l'autre au beau milieu de la place du Capitole.

Momo m'a suivi dans mon délire :

— Et puis ils s'assiéraient et commanderaient un cabernet-sauvignon accompagné de quelques tranches de saucisson de Bayonne, z'auraient *Libé* sous le bras, ils seraient servis par un sommelier musulman…

— Sommelier musulman, excellent! a fait Samir qu'a ajouté dans ma direction : Prends note, Flaubert!

Hélène a ri de bon cœur, ça nous a donné des ailes. Après chaque drame, rire encore, finir par rire de tout, vaincre. Momo a poursuivi :

— Lui s'appellerait Tristan et elle Iseult…

Samir, plus vinaigre :

— Ils seraient de gauche mais pas la version ouvrière, plutôt la famille bourgeoise catho mais humaniste, un zeste de social et la révolution en horreur.

J'y ai dit :

— Tu gâches tout, laisse-moi rêver d'une France qui aimerait les Arabes (et d'Arabes, place du Capitole, il n'y en avait guère, ça m'a pincé le cœur).

— Bon, pour ce soir d'accord, m'a dit Momo, mais tu promets demain de redescendre en enfer, tu promets de nous rejoindre en Bougnoulie.

— Promis.

Tout le trajet on a ri doucement, des petits rires égrenés d'éclats. Genre :

— Tu sais comment on appelle un Noir armé d'une kalach en Afrique du Sud ?

— Non ?

— Monsieur.

On ne se reprochait pas cette indécence, on pensait même que c'était la meilleure attitude à avoir. Le rire nous renforçait, il musclait nos convictions, nous aidait à effacer chaque peine car d'autres allaient lui succéder. On avait cette certitude des secousses à venir, d'un recommencement pénible mais tout autant d'une plénitude qu'allait poser ses grandes ailes sur nos épaules. Juste une question titillait. Sous quel angle allait-elle se manifester, la plénitude ?

On s'est attablés sans envie de vanner, éreintés des recommencements. Comme de bien entendu, quatre pressions ont fait honneur à notre intégration imminente.

Hélène a dit :

— Il n'y a qu'une manière de ramener Bija, lui proposer un rôle, un truc important qui l'empêche de s'écrouler, y a trop longtemps qu'elle rêve de jouer quelque chose, d'être quelque chose à vos yeux, je sens que ça lui ferait du bien, faut lui trouver une envie de vivre, les gars.

Momo a fait :

— J'suis d'accord.

Et Samir a plongé ses deux yeux dans les miens.

— Quoi, d'accord ?

On trouvait la responsabilité un peu lourde. Même à trois, porter la santé mentale de Bija, ça me paraissait hallucinant. D'un seul coup fallait se coltiner en plus des nôtres une destinée bien sanglante et de surcroît, arabe.

Je me suis pas senti la force de dire à Hélène : "Mais une beurette de banlieue c'est un nid de guêpes. Tu les vois pas, toutes ces filles en proie à toutes les convulsions ? Elles doutent d'elles-mêmes plus que nous. Tu vois pas comme elles ont perdu d'avance, comme elles sont tenues à la gorge ? Avec nous elles s'offrent juste un sursis, n'essayons pas de voir plus loin. Elles savent que c'est mort pour elles et on le sait aussi, profitons du sursis moi j'irai pas au-delà."

J'entends d'ici la plaidoirie d'Hélène…

— Mais je vous demande pas de les aider toutes, puis elles en sont pas à ces convulsions, comme vous dites, certaines peuvent s'en sortir.

— Lesquelles ?

Elle n'aurait pas pu citer le moindre nom. Je ne m'étais jusqu'à présent pas rendu compte à quel point elle doutait de la capacité de toutes à s'émanciper vraiment. Juste elle forçait ses convictions pour ne pas désespérer du job intenable qu'était le sien. Donner du sens.

Rouleau compresseur, elle réitérait :

— Faites-lui une place.

Samir :

— Tu veux l'envoyer direct au cimetière !

Hélène, pas démontée :

— Au contraire, faut soigner le mal par le mal. Elle en crève de jouer un rôle, c'est ce qui la pousse à provoquer son frère et tout ce qui vit autour d'elle. Tu la connais, plus tu lui montres l'interdit et plus l'envie lui prend d'y rentrer dans le lard.

Bija hospitalisée, on n'a pas remis les pieds au théâtre des jours, des semaines durant, on a continué la routine, donné nos cours de soutien sans rire, en regardant les gamines avec une empathie redoublée. On anticipait le destin de chacune et l'éclaircie n'y était pas. À onze ou douze ans, elles galéraient déjà, le cursus était poussif. Tétanisés, on n'osait pas l'évaluation plus profonde de cas plus désespérants les uns que les autres. Ce soir-là, Samir à son poste ânonnait les règles qui font le bon "français" :

— Je répète ! Lorsque le complément circonstanciel de lieu désigne un être animé, on utilise la préposition "chez".

— Poil au pichet ! a marmonné Jilloul.

— Ta gueule, Jilloul !

Je m'attendais à ce que Samir déchire de ses cris les murs du local, pas du tout, il a saisi la balle au bond.

— Belle rime, tiens, fais-moi donc une rime riche si je te dis : Quand Jilloul apprend pas ses leçons…

— Il encule Jean d'Ormesson?

Le croirez-vous, on a tous lâché nos livres et c'est à même le sol qu'on a explosé, ivres de rires d'un autre temps, de pleins éclats francs que je n'ai plus entendus depuis en cours de soutien scolaire. Il nous a achevés ensuite…

— Je peux vous en faire une autre?

— Heu… Oui si tu veux.

— Si tu veux une rime à Jilloul, tu n'as qu'à lui sucer les boules.

L'approbation s'est faite nettement moins unanime et Samir d'avouer :

— C'est franchement moins bon que d'Ormesson.

Petit Jilloul s'est replié, déçu qu'on ne lui en réclame pas davantage, moi ça m'avait réchauffé le cœur de voir Agnès, Hakima et Hélène rire sans retenue, ça nous rappelait tout l'intérêt de notre job d'animateurs de quartier, ici les mômes étaient vifs et osaient l'improbable, on s'ennuyait jamais. Avec eux l'étonnement toujours pointait le bout de son nez, et ça nous cinglait l'âme.

Quelques heures après, on s'interrogeait encore sur l'impromptue présence du "d'Ormesson" dans le petit dico de la mémoire de Jilloul. On en oubliait l'épisode Bija, béats de la possibilité de rire encore. Samir, accroché à sa grammaire, reprenait vie, ça me revigorait à mon tour.

— Mais s'il s'agit d'un être non animé, on utilise la préposition "à"…

Tant pis si la semaine d'après le blues refaisait surface, tant pis s'il fallait à nouveau se mentir à nous-mêmes, et reconnaître qu'au fond et si tôt, les carottes étaient cuites. Tant pis si à nouveau je m'entendrais dire :

— Fait chier! J'ai pas de mission divine à accomplir, j'ai rien promis, je dois rien à personne.

L'égalité des droits, z'ont qu'à se la carrer quelque part, j'ai pas les épaules, j'suis pas Martin Luther et pis d'abord je veux pas mourir assassiné… par des Reubeus, par-dessus le marché.

Je gardais donc en ligne de mire un bac à préparer et m'y suis jeté comme un moine sur la Bible ou un imam… peu importe! C'est pas l'heure des crises d'identité! Thierry, que j'avais croisé à la bibliothèque municipale, m'avait dit : "Si tu veux on révise chez toi."

Du tac au tac, j'avais dit "non", ça l'avait immobilisé net. Il avait pas insisté. J'aurais aimé lui expliquer : "Si un étranger traverse les rues de mon quartier il perd ses dents, s'il est blanc il perd son cul." Ça l'aurait soufflé, il m'aurait questionné : "Comment? Par qui? Pour quoi?" Juste une réponse à la bouche. J'suis arabe. Au lycée j'avais joué la carte consensus, il ne me connaissait que français.

L'accident de Bija, l'arrêt provisoire de l'atelier théâtre, m'arrangeaient bien. J'ai plongé dans les théories fumeuses de Kant et Heidegger pour me remettre à flot, relu Flaubert et Camus, et tant pis si ça signait la victoire des barbares mais il nous fallait chacun chacune cautériser, panser, refermer la plaie. Il nous fallait reprendre des forces, on savait notre étendard impitoyable, on pouvait plier maintes et maintes fois mais l'envie des conquêtes sur nous-mêmes nous galvanisait plus que tout. On n'en était pas à notre premier coup de semonce et dix fois notre glaive s'était relevé. Dix fois, cent fois torpillés et un beau matin la barque reprenait la mer.

Curiosité des temps qui changent, dans les rues du quartier point de sourire narquois ou de *satisfecit* à propos de Bija. On n'en demandait pas tant. Auparavant, pour une femme battue on aurait entendu : "Bien fait pour sa gueule."

Il était au moins midi, je m'étonnais d'être encore au lit à cette heure tardive sans qu'on m'en sorte en m'arrachant les draps du corps. Walkman dans les oreilles et tête sous l'oreiller, je dégustais *Le Stéphanois* de Lavilliers quand ma mère a montré une face ahurie, elle a hurlé :

— Viens ! Allez lève-toi ! Qu'est-ce qu'y disent ? Que Mitterrand va gagner ?

Quand je l'ai rejointe, elle mangeait littéralement le téléviseur.

— C'est un sondage, m'ma, ils disent qu'il va gagner, enfin qu'il a de grandes chances.

Mon père qui faisait sa sieste avant de repartir à la "mine" s'est dressé sur son séant.

— Qu'est-ce que tu dis ? qu'il m'a lui aussi lancé, l'œil sévère et à peine ouvert.

— Ils disent que Mitterrand va gagner.

— *Mouhèl !* (Malheur !) qu'il a laissé échapper.

Son air avouait quelque chose de solennel, j'en ai frissonné de haut en bas. Mes vieux se sont regardés dans les yeux longtemps, comme jamais, signe du point culminant d'un désastre à venir. Je les scrutais à mon tour, essayant d'extraire une réponse, même approximative. Je ne voyais rien d'autre que des billes enfoncées dans leur habitacle, des regards longs comme des couloirs de prison.

— Ils vont nous expulser comme des chiens, fallait s'y attendre, a dit ma mère, on aurait dû partir de nous-mêmes, ça nous aurait évité une humiliation de plus... Mais voilà, y a pas d'hommes ici.

Mon père a stoppé son élan :

— Ferme ta gueule. (Plus exactement, Firrrm ta grann'guil !)

Il a enfilé son blouson et a disparu, non sans avoir claqué la porte, de tous les muscles de son bras.

L'envie m'a pris d'y faire la morale du bien intégré : "Papa, on parle pas de la sorte à sa propre femme et de surcroît devant la progéniture tant chérie !"

Mais autant réciter du La Fontaine à un tourteau.

Dans la rue, des attroupements de poules caqueteuses se sont formés.

— Ils vont venir nous chercher, préparez vos affaires, ne prenez que l'essentiel.

Partout la parano a adoubé la rumeur.

— Des cars entiers vont débouler pour nous ramener chez nous.

— Ils vont vider les cités de leurs habitants.

Devant l'affolement général, j'ai pas pu m'empêcher de faire mon cynique :

— Frisous de toutes obédiences, Maghrébins de toutes les contrées, musulmans aléatoires, Arabes bornés et bicots dociles, allez ouste ! Allez hop en voiture Simo... heu Fatma (schizophrénie)...

Sans rire, nos voisins se voyaient déjà dans l'obligation d'évacuer les lieux et là, s'agissait pas d'intégrer les bâtiments d'en face comme promis par la mairie, mais de faire place nette sur toute la surface du territoire mérovingien. C'était un tsunami, mais à la place des vagues, des képis hostiles allaient débouler, gueulards et décidés. Moi j'en perdais mon latin, fallait-il s'inquiéter vraiment ou au contraire pousser des hourras ? J'en étais là, désorienté, confondant l'impasse et l'issue.

Les jours d'après, des pères redescendus des échafaudages ont versé dans le mélo. Terminées les devises qu'on envoie au bled, les villas quatre étages qui éliminent le soleil de l'habitant du cru. Finis les bons salaires, les allocs à rallonges, les congés maladie, les réducs SNCF, les soins gratuits, le dispensaire à deux pas de la maison. Bonjour la charrue, l'oignon sec, la galette de blé dur. Bonjour le cagnard, la diarrhée et l'eau qui manque. Bye-bye le papier cul : torchage avec le creux de la main. Les pessimistes prévoyaient un retrait liquide à la première heure, d'autres plus rares bénissaient le ciel qu'on en finisse.

— Tous ces mômes qui servent de cibles au voisin du premier, c'est plus vivable.

Il en mourait toutes les semaines pour le boucan d'une mob décalaminée, pour une porte fracturée, un vol de Carambar. Certains n'osaient plus mettre un nez dehors, d'autres encore fomentaient le meurtre d'un chef d'équipe ou de l'épicier du coin :

— En plus de l'ardoise qu'on te laisse, prends ça dans le cœur, salope !

Les plus raisonnables tentaient un :

— On verra bien, ils peuvent pas nous jeter comme ça avec femmes et enfants… Et qui va finir les chantiers ?

Quelqu'un a dit :

— Chez nous y a que des Sétifois, au prix qu'on est payés, même les Noirs y font grève !

J'ai stationné sur un bout de trottoir et pas besoin de tendre l'oreille, tout s'entendait à des kilomètres à la ronde. J'ai soupesé l'électricité. Partout des vapeurs suffocantes d'angoisse retenue. De l'intérieur des maisons la cacophonie suintait, ça parlait bas, ça répondait deux tons au-dessus :

— Mitterrand ? Mais y déteste les Arabes.

Pourquoi de telles affirmations ? J'y comprenais plus rien. D'un côté les poteaux chantaient victoire, de l'autre nos vieux faisaient dans leur froc.

Partout ça dépliait du Michelin, repérait des itinéraires bis pour Rabat, Alger, Tunis. Mon cynisme émergeait de plus belle :

— J'eusse préféré Saint-Domingue, Tahiti ou Cuba !

Mais malédiction ! Nos origines indiquaient un Sud désobligeant, sans fruits exotiques, sable blanc ou pagne chamarré. Un Sud à, bonjour l'ironie, à peine une heure à vol d'oiseau. Dérouté, je cherchais à quel saint confier mes interrogations.

Devant moi des petits Pelé caressaient une balle et elle passait de l'un à l'autre sans toucher le sol et cet unique talent de mon quartier était comme une consolation. Les amortis de poitrine ont appelé quelques ailes de pigeon, ça m'a ravi comme au spectacle d'une chorégraphie sans metteur en scène.

Puis je l'ai aperçu, mon saint consolateur. Samir, qui s'est approché l'œil goguenard, excité lui aussi par la rumeur grandissante, et moi comment l'interroger ? Comment m'y prendre pour ne pas passer pour plus inculte que je n'étais ?

Histoire de me faire languir, il est resté immobile, lui aussi esbaudi devant la grâce des petits footeux.

— Y a pas à dire, on a du ballon dans les quartiers…

Me suis dit : C'est marrant je viens de penser la même chose, est-ce l'affolement ? La défaite de l'esprit ?

Une balle est venue rouler entre ses jambes. Prétentieux, il a tenté une approximation de jongle qui l'a fait passer pour un sumo en talons aiguilles et il a récolté :

— Vilain, va te faire greffer des chevilles !

— Et toi l'intégrale d'un cerveau !

Moi j'ai tourné la tête au cas où un grand frère serait tenté par l'extraction des nôtres, de cerveaux. Je l'ai pincé pour que l'échauffourée ne se répande pas davantage et l'ai tiré à l'écart des teigneux.

— Hé, veux pas mourir avant qu'on nous chasse, je veux voir la suite.

— Faut qu'on entre en résistance.

— Hein ?

— Je rigole ! Oh là là ! C'est fini la parano ?

— Quoi ! Mes parents sont complètement flippés…

— Rapport aux élections ?

— Oui, rapport aux élections… Même mon bac est passé à la trappe, t'y crois ?

— Ouais les miens c'est pareil, la peur de leur vie.

— Jamais vu ça, pourtant y z'en ont vu d'autres des élections, j'y comprends rien, tu m'as toujours dit que la gauche…

— C'est pas la gauche qui leur fait peur, c'est Mitterrand!

— Hein?

— Révise tes classiques, pour eux il reste le ministre de la guerre d'Algérie, frérot… Il a couvert la torture au nom de la République…

— Hein?

— Ben oui! Pour nos vieux, le criminel c'est pas l'armée, les ordres, c'est Mitterrand qui les a donnés, la guillotine c'est lui qui l'a fait tourner… Eh oui, de 54 à 57, écoute bien, il a refusé la grâce à tous les militants du FLN condamnés à mort.

— Mais y veut abolir la peine de mort!

— Et alors, ça absout le crime?

— Hein?

— T'as pas fini de faire des "hein", t'es con ou quoi, prends ta carte! Je te le dis, les communistes sont d'excellents formateurs, toi je parie que t'as pris Mitterrand pour un mec de gauche?

— Hein? Heu…

— Ouais c'est ça, fait des "heu"… Il est temps que tu sortes de la cité, frère, je parie aussi que t'as pris l'Union de la gauche pour un nouveau souffle…

— Heu…

— Ouais c'est ça… "heu"… Je t'explique… L'Union de la gauche ç'a été une stratégie pour siphonner les voix du parti communiste.

— Non?

— V'là qu'y fait des "non" maintenant… Je t'explique : Mitterrand a les communistes en horreur, il a jamais pu les saquer…

— Non?

— Il se serait acoquiné avec n'importe quel libéral

qu'aurait proposé des troupes assez conséquentes à
sa gloire.

— Quoi ? Heu... non ?

— Non quoi ? Tu dis non pour dire non ou le
contraire ?

— J'sais pas.

Il m'a nargué, trop fier de lire l'immense lacune.
Il a pris tout le temps de la gourmandise, dégustant
chaque seconde de sa domination intellectuelle et
enfin il a abrégé ma souffrance.

— Tu fais quoi là ?

— Je vais voir mes potes.

— Quoi ? Tes petits-bourgeois du lycée ?

— Heu... Oui.

— Tu veux pas les lâcher, tous ces parasites qui
nous polluent la lutte, tout ce qu'ils veulent tuer tes
branleurs, c'est le père...

— Pas du tout, y sont pas aussi inoffensifs que
tu crois.

— Ouais c'est ça, viens plutôt avec moi t'aguerrir.

— Où ça ?

— À la Ligue.

— À la Ligue ? Chez les rigides ? Non merci, pas
envie de couper des têtes, frère.

— Mais y a longtemps qu'on coupe plus rien du
tout, y nous aident, figure-toi, pour organiser une
marche de l'égalité.

— Une autre fois, j'ai promis à mes potes de venir,
après le bac j'suis pas sûr de les revoir.

— Oh mince ! Tu me fais de la peine, et tu leur
diras que si Freud veut buter son vieux, moi je m'y
risquerai pas !

— Ouais, c'est ça et toi le bonjour au Dr Guillo-
tin.

On s'est séparés des vannes plein la bouche.

J'ai traversé la cité, à mes basques les mêmes têtes frisées.

— Magyd, qu'est-ce qu'on fait ce week-end ?

— On se pend.

Après Bija et l'aventure "Mitterrand", j'ai eu envie de changer d'air, l'envie d'un petit tour "en France", d'entendre parler d'autre chose que de révolution ou de ces satanés problèmes de banlieue, de crise d'identité, de lien social, de prévention de la délinquance et des violences faites aux femmes. J'avais envie de phrases correctement formulées, d'évoquer quelques grands esprits, Camus, Sartre, Montesquieu et Montaigne. La gerbe de Kool and the Gang, Marvin Gaye, Jackson Browne, Delegation et compagnie, seul James Brown trouve encore grâce à mes yeux, James c'est pas de la funky, c'est du rock'n'roll. Envie d'une compagnie sans trouble identitaire, me glisser dans un cocon d'idées complètement barrées, dans une tchatche du dépassement de soi. Dans la soie du quotidien sublimé, entendre parler de la malédiction des poètes plutôt que de celle de la plèbe, évoquer des grands chagrins d'amour, le mal de l'âme au lieu des coups qu'on porte à la figure pour défendre rien d'autre que l'orgueil masculin. Envie d'être invité à la table des charcuteries aveyronnaises ou du canard de par ici. Du patrimoine, bordel. Surtout ne pas entendre : "J'ai fait un couscous!" et feindre l'appétit des grands jours. Bon sang! Récupérer ma part de Gaulois.

Pour toutes ces gourmandises, une seule adresse, celle de mon pote de terminale, Thierry. Je me délectais de sa compagnie. Chez lui, aucune aliénation. Il était mon contraire achevé, pas aliéné pour un sou. Il ne portait aucune haine apparente, ne stigmatisait aucun groupe social ou ethnique, il flottait. Il n'essayait pas de paraître, il guettait l'invisibilité. J'étais pour lui une extraordinaire étrangeté et l'étrange l'attirait. Il se disait : "Magyd, il cherche la lumière, pourquoi?"

On s'est affalés dans une chambre toute de douceurs arrangée. C'était la France entière, éternelle et dénuée de doute. Une France de meubles de bois lourds et de porcelaines séculaires, on pouvait remonter deux mille années tranquille.

J'aimais ce repos, cette certitude d'appartenir à une éternité réelle. Tout ça me rassérénait.

— Qu'est-ce qu'on écoute?

Le plaisir ne s'est pas fait attendre, il me sollicitait. Voilà ce que j'aimais, cette incroyable politesse qui fait de votre hôte un obligé. Dans les quartiers nord, première règle : je ne te reçois pas, si t'entres t'endures les règles maison qui consistent à se faire petit et se taire tant qu'on t'a pas intimé l'ordre de l'ouvrir.

— Qu'est-ce qu'on écoute?

Oh la belle entrée en matière, le bel accueil, la belle manière. Un peu pour fixer une barre prétentieuse j'ai dit :

— Ferré?

Il a acquiescé goulûment. Ensuite, on s'est payé ce luxe inexistant en banlieue : le silence. Nous étions seuls, face à face, sans nul besoin de ces paroles qui essaient de tromper le vide. Le silence valait ici un tumulte de notes tout en accords mineurs et le chant de "l'ébouriffé" suffisait à nos petits besoins post-pubères. Ça a duré des heures juste interrompues par :

— T'as vu cette suite d'accords?

J'opinais du chef. J'entendais pas ça banlieue nord. J'opinais pour qu'il me parle, pour accéder à mon propre silence, enfin. À un moment, il s'est redressé :

— Tu te rends compte, cet homme a aimé un chimpanzé plus que sa femme! Est-ce qu'on peut aimer un singe plus qu'une femme!

Je soutenais la négative, j'aimais qu'on transcende mais là mon petit esprit névrosé n'accédait pas à la hauteur voulue.

Il n'en démordait pas.

— Mais si Magyd! Du sublime, imagine, être totalement aimé sans espoir de contrepartie!

Je ne pouvais m'empêcher de reconstituer un corps de femme. Qu'y avait-il de plus beau qu'un corps de femme? Quelle potion? Quel remède pouvait rivaliser avec le corps d'une femme qui s'offre à vous?

Un singe? Si ma cité t'entend, t'auras pas de progéniture, frère. Dans ma cité, une femme est une proue, un phare qui montre un point cardinal et si dégobillante soit-elle, elle n'en a pas moins deux seins, une bouche et le reste se mange comme un macaron. Dans ma cité, pour que les têtes dures réussissent, il eût fallu des lits à l'école. Des lits! Et les diplômes les plus ardus eussent été conquis. Quitte à organiser des zones défavorisées, il eût fallu porter le fer à l'horizontale pour faire la nique à ce maudit échec scolaire dont les Arabes étaient friands.

Le bruit d'une grille de garage qui s'ouvre nous a fait sursauter… Il a baissé le son, s'est mis à remuer le fond de l'air et à lisser le couvre-lit. Quasi terrorisé, il a détaché ses cheveux retenus en catogan et les a peignés de ses doigts d'avant en arrière, puis il a lâché :

— Mon vieux !

Instinctivement, je me suis moi aussi arrangé et j'ai pris une attitude d'adolescent crédible.

Puis un toc-toc.

— Entre, papa.

Je me suis encore délecté de ce toc-toc, encore une politesse de plus à mettre au crédit des gens bien. Chez moi, un grand boum aurait éclaté la porte, suivi d'un tutoiement intempestif.

Un homme d'une quarantaine d'années est apparu dans un costume impeccable, cheveux grisonnants laqués d'huile et l'œil dynamique. Il sentait les gains confortables de l'entreprise.

— Ah, c'est vous, Magyd ? Thierry me parle beaucoup de vous, vous êtes le poète du peuple, il dit que vous maniez la langue comme personne et que vous êtes le nouveau Baudelaire !

Il empilait les compliments, je jubilais ma race. D'abord il me vouvoyait, ce qui eut pour effet de déposer mon orgueil dans un couffin de soie, et puis il semblait résolu à ne s'en tenir qu'à des propos flatteurs et désarmants de sincérité. Ça m'allait.

— Vos parents sont algériens je crois, vous les féliciterez de ma part pour votre parfaite intégration.

Dommage, que je me suis pensé, il était bien parti. Ce qui apparaissait comme une délicatesse faite homme s'est transformé en condescendance postcoloniale et j'ai senti Thierry fondre. Il redoutait sans doute un faux pas qui ne s'était pas fait attendre. Il s'excusait en dessinant des yeux ovales et je tentais de le rassurer en plissant les miens. Comme un pro, j'ai fait claquer du verbe bien conjugué, genre :

— Thierry possède lui-même un écrit hors pair et une érudition de premier plan.

Ça l'a scotché et j'ai fini ma phrase avec un inaudible "con de ta mère".

— Oui… oui… On a tout fait pour…

— Bon, papa…

— Oui oui, je vous laisse, heu, vous sortez ?

— Oui, on va faire un tour en ville.

— Tu rentres pas tard.

— Qu'est-ce que t'appelles tard ?

— Je veux dire pas trop tard.

— C'est vague.

Et on est sortis. J'ai vite compris que l'échange se jouait au scalpel, à la syllabe près. Même l'intonation reposait sur un rasoir. Ça m'a glacé qu'autant de précautions soient prises entre un père et son fils, en même temps autant de subtilités syntaxiques m'émerveillaient. Avec mon vieux, j'en étais au degré zéro de l'échange diplomatique, je pouvais me permettre d'être esbaudi.

— T'inquiète, c'est un pur connard.

— Qui ça ? j'ai fait, naïf.

— L'autre… Bon, allez, on va se faire déchirer l'oreille.

— Hein ?

— Ben tu sais pas que Bébert et Paul ont formé un groupe de rock ?

— Non !

— Ils s'appellent les No Magnanime.

— No Magnanime, c'est vilain.

— Je trouve pas.

— Ça fait bourgeois en colère.

— C'est ce qu'ils sont.

— Bourgeois peut-être, mais en colère…

— Oh quel cynisme, laisse-nous rêver qu'on l'est un peu, fais pas ton "rouge" des bas quartiers, allez viens !

Ça m'a vexé mais j'ai pas voulu appuyer plus à l'endroit des plus douloureux, j'ai juste pensé… De la colère, t'en as chez moi qui se servent d'autre chose que d'une guitare…

Cela dit, j'aurais adoré en savoir plus sur la teneur du conflit diplomatique, mais Thierry ne manifestait apparemment pas le désir de s'y attarder. Qu'est-ce qui pouvait provoquer autant de crispations entre un père français visiblement thuné, cultivé, fringué comme un bijoutier, et son fils dont les dix-huit de moyenne rivalisaient avec les vingt ? À ce stade, mes rapports avec les miens parents se seraient conclus en baisemain.

— T'as pas vu Bébert quand il attrape sa basse ? Attends, tu vas pas regretter, juste Henri quand y chante, planque tes oreilles.

Mais je ne l'écoutais plus, je trépignais d'y poser la question. Après tout, qu'avais-je à perdre, l'idée même qu'il veuille couper court m'excitait davantage. J'avais bien entendu "pur connard". Qu'est-ce qui justifiait une telle haine ? Moi qui ne connaissais que le sens unique de la communication et les échanges à l'ancienne, j'en piaffais de comprendre. Dans mes pires exaspérations je ne m'étais même au plus profond pas autorisé un tel verdict sur mon père et je trouvais ça excitant qu'une telle porte soit envisageable, pas envisagée.

— Bon tu vas voir, c'est pas du Ferré…

Au bout d'un moment il a soulevé une lourde toute de ferraille rouillée, ils étaient là tous les trois, corps tordus sur des mousses cradingues essayant de déchiffrer les accords de *Roxanne*.

— Yêêê! Magyd!! Ils ont crié en chœur.

— Magyd? Ici? m'a fait Bébert. Pars vite, c'est pas du Brassens qu'on joue, c'est du Police! Oh Thierry, tu l'as pas affranchi, le poète?

— J'espère que t'as des boules Quies.

— Hum, des boules tout court.

Tout en riant, on s'est embrassés sur les joues, émus sans doute d'avoir bientôt achevé une épique année de terminale, émus surtout de ne peut-être plus jamais se revoir. Un pur bonheur est venu caresser mon cœur d'être ainsi accueilli, je me sentais déjà chez moi sans risque de me faire casser la gueule ou d'être traité de "tante". Eux auraient assumé avec gourmandise un tel sobriquet. Z'en auraient fait comme mes potes des quartiers nord une chansonnette coquine.

Tante est notre sobriquet
qui nous frotte doit piquer

Je me suis senti ridicule d'autant de bienveillance. Ils me palpaient sans équivoque, je m'y prêtais volontiers, désireux de m'ouvrir aux "cinq" vents. Ils étaient ravis de ma présence et ça me touchait profondément. Je les regardais, aucun ne faisait défaut dans cet élan quasi fraternel. J'aurais aimé arrêter le temps, longtemps. Toutes ces années lycée, je les avais nappées de souplesse et de retenue conjuguées. La peur sans doute de montrer mes élans de rancœur, des embardées vengeresses à propos de telle ou telle discrimination raciale. Je ne voulais pas les embarrasser de mes schizophrénies de fils d'immigré, encore moins alourdir cette ambiance douce heureuse qu'ils me proposaient. Tout le temps j'avais masqué mes colères de pauvre. J'effaçais mon arabité pour faire bloc et me glissais dans des habits d'humeur légère. Cela dit, j'étais déjà porteur de cette frivolité nichée dans le cœur des rêveurs. Il me suffisait d'être ailleurs qu'à la maison et j'absorbais le bon côté de la vie, le versant dérisoire des choses, ce doux nuage qu'il est bon de chevaucher à dix-huit ans. En tout cas, là, j'oubliais le tumulte de ma cité, je n'étais presque plus moi-même mais un double bienheureux. Pendant que Bébert me tenait dans ses bras, Paul a enfourché une guitare acoustique et fait partir *L'Orage*, ma chanson préférée du célèbre moustachu :

Parlez-moi de la pluie et non pas du beau temps
Le beau temps me dégoûte et m'fait grincer les dents...

J'ai repris aussi sec :

Le bel azur me met en rage
Car le plus grand amour qui m'fut donné sur terre
Je l'dois au mauvais temps je l'dois à Jupiter
Il me tomba d'un ciel d'orage...

Je me suis surpris à chanter sans malaise, comme s'il s'agissait entre nous d'une énième répète. Puis Paul s'est emmêlé les pinceaux :

— Putains d'accords, elle est pas jouable cette chanson !

Moi, grisé de m'entendre et encouragé de plus belle, j'ai continué *a capella* jusqu'à la dernière strophe, ça les a bluffés que je m'exhibe de la sorte. Paul, tout à fait ébahi :

— Tu sais que tu chantes juste ! Puis il s'est tourné vers les autres : Les gars y chante juste et se cogner du Brassens je vais vous dire c'est pas *La Ballade des gens heureux* !

— Ça sent le contrat, Magyd, a ironisé Thierry.

L'air de rien, je sirotais du petit-lait de chez fait maison. Bébert, pragmatique, m'a lancé :

— Tu connais *Roxanne* ?

— *Roxanne* ?

— Oui, de Police.

— Pas du tout. Je connais que des chansons françaises.

— Quoi ? T'es sérieux ? Tu chantes qu'en français ?

Un moment, l'impression de passer pour un naze m'a saisi.

— Tu chantes que du Brassens ? Mais c'est nul…

— Non ! Je chante aussi Renaud, Higelin, Lavilliers.

— Ouais d'accord… Enfin, c'est pas du Sex Pistols non plus.

Ensuite, j'ai forcé ma nature en descendant des bières toute la soirée… bizarrement bon marché. Ils ont repris leurs instruments et m'ont effectivement pété les deux oreilles en jouant mal *Roxanne* et autre *Anarchy in the UK* des Sex Pistols, mais dans une fraîcheur de boisson gazeuse et c'est ce qui m'importait.

Je marchais dans les vapes et retrouvais ma rue pleine de soucis, de mères grosses et d'enfants crades quand il s'est jeté sur moi.

Pas le temps de prendre la fuite pour me jeter dans les bras de ma mère qu'une balayette m'a mis à terre et qu'une pluie de coups de poing me resculptaient la figure. C'étaient Mounir et ses deux comparses, Fred le Gitan et le gros Saïd. Ils m'ont engouffré dans la grosse BM dont ils devaient remplir le réservoir à trois tellement ils roulaient du soir au matin en un manège incessant tout autour de la cité. Personne n'avait rien vu, c'était le style à l'italienne. "Je veux pas voir, j'ai pas vu."

Grand classique. À très faible allure, ils passaient et repassaient dans la cité, tançant les uns, chambrant les autres, assumant le bien-fondé d'une cité qu'on préserve du vice. Trois loups semaient la terreur en garantissant une protection nullement sollicitée. Ils passaient, le reste disparaissait.

Pour moi, les coups pleuvaient sur le siège arrière. Une variété de gifles comme en offre le combat de la rue. Plat de la main puis main retournée, doigts écartés, phalanges repliées, poings fermés, plat de la paume, je visitais le musée de la "baffe". Quant aux vocables, utilisation excessive du mot "pédé", suivi de "tarlouze" et en troisième position "tapette", juste derrière on trouvait "enculé", "fils de pute" et "bâtard" enfin, en queue de peloton le mot de tous les mots, la locution des locutions, la métaphore des cieux :

— Le con de ta mère!

Mounir m'a fait :

— Qu'est-ce tu lui veux à cette pute?

Il parlait de Samia, sa cadette. Samia, la sauvagerie pure et l'orgueil à égale distance de la beauté. Incroyable mystère que celui des chromosomes et de l'hérédité, elle était belle à s'en mutiler les yeux, lui semblait jumelé moitié bouledogue et l'autre hibou.

Samia, comme on voit dans les livres, avait tout de suite été un effarement dans ma névrose de bougnoule contrarié. L'incarnation du soin et de la guérison, un grand docteur du cœur, rebouteux de mon âme bosselée.

Brune d'accord, mais pas que ; plutôt une synthèse de la Milady de Dumas et d'Indienne cherokee. Elle stimulait mes besoins d'être accroché à des ancêtres berbères, à un passé supposé mien, oriental et lumineux. Elle me recousait à un mythe autre que celui des Gaulois à tresses blondes. Elle portait une arabité qui me manquait et une espèce de subversion à la gauloise. Je nous voyais Adam et Ève, bruns. Et à la place des feuilles de vigne, celles d'un figuier. Au lieu de la pomme, une figue. Elle me réincarnait en un cocktail oriental et moderne. En un mot, une bâtardise, et je jurais de déchiqueter mon amour-propre pour un "oui".

— Regarde! m'a fait Mounir. C'est quoi ça? Je t'ai déjà dit de pas écrire à ma sœur, je te l'ai dit ou pas?

— Oui.

— Je t'ai pas dit de même pas la regarder de loin? Je te l'ai dit ou pas?

— Oui.

— Même pas elle existe dans ta tête, t'as assez de putes dans le quartier pour tes poèmes et ma sœur c'est pas une pute!

— Oui.

— Alors tu la sors de ta tête, j'ai pas besoin d'une tarlouze à la maison, tu l'oublies... Le con de ta mère!... Cette pute avec ses livres, je peux plus les piffrer vos livres, vous voulez aller où? Et d'abord qu'est-ce que tu lui trouves à cette connasse? À part les bouquins, elle est bonne à tchi, même les haricots elle sait pas les faire cuire! C'est pas une femme, c'est un homme! Toujours à faire la gueule et à prendre des coups...

Il s'est rassis sur le siège avant, a épousseté son blouson et d'un geste leste a sorti une feuille froissée de l'intérieur de son blouson qu'il a lue.

Putain t'as le cœur comme l'acier
bizarre pour un gâteau pâtissier
que j'aurai croqué mais comme un idiot
je suis tombé sur un noyau

Samia t'es comme le vaccin
qui peut soigner un assassin
alors plutôt que des rimes
je veux être le mort de ton crime

Oui mourir et pour toi lâcher
ma mère à qui j'étais attaché…

Il s'est arrêté net, je retenais quelques gouttes de sang et lui a lâché les flots.

— Franchement c'est net. Tu vois, j'aurais voulu écrire comme toi, si c'était pas mon enculé de père j'aurais fait comme toi, même mieux que toi, toi tu t'es fait aider par les sœurs. Mon bâtard de père y disait c'est péché, y disait que vous étiez des harkis, que vous avez vendu l'Algérie. Je m'en bats les couilles de l'Algérie, moi ! Jamais y m'a dit : "C'est bien mon fils !" Y s'en battait les noix de mes notes, pas comme toi. Tu te rappelles ta mère qui venait chez moi pour nous montrer tes bulletins scolaires, l'envie que j'avais d'y retourner une baffe, mais ça se fait pas chez nous, finalement c'est toi qui l'as prise… Ta mère !… Franchement, chapeau ! Elle a mérité. Au moins elle t'a serré. Pas comme nous. On se croyait plus forts, résultat ! Zob ! Et c'est toi qui passes le bac. J'sais pas comment t'as fait ? Si t'as payé quelqu'un t'as bien fait. Mais fais gaffe, ils te le donneront jamais… Les Français y savent que si on sait faire, on va tomber sur eux les premiers. Y z'ont raison… Tu vois, moi, les Français je peux pas les dicave (respirer), je te dis pas les Françaises, à part les baiser, frère, elles sont pas fiables, à la première occase elles te font manger du *halouf*…

Puis une ombre est apparue dans la vitre avant gauche.

— Salut les musulmans.

— Ça va Miguel ?… Oh Saïd ! Donnes-y son herbe… Pas ici narvalo !… Hé Miguel, j'suis pas musulman.

— Hein ? Pas de problème j'suis diagnostik (voulant dire agnostique).

Quand il m'a reconnu, son visage a blanchi et il s'est éclipsé aussitôt.

Mounir s'est assuré que ses acolytes n'écoutaient plus :

— Fais ce que tu veux avec cette connasse, elle vaut tchi, elle a pris une trempe, franchement je l'ai frappée mais tu vois j'étais pas motivé, j'en ai rien à foutre de sa vie, sors avec elle, niques-y sa mère si tu veux mais je t'avertis je veux rien voir, je veux rien savoir et d'ailleurs qu'elle dégage, elle sert à rien dans cette baraque.

J'ai pas prononcé un traître mot, ils m'ont jeté comme un sac plein d'épluchures près du bois qui longeait le quartier. Mounir m'a même essuyé quelques gouttes de sang séché. Ce qu'il ignorait, c'est qu'on s'était jamais liés, sa cadette et moi, que ce poème je ne m'en souvenais plus, que j'en avais écrit des centaines et que le dernier datait de plus d'un an. Je m'étais fait déboîter pour des prunes, il avait juste deux wagons de retard. Seul intérêt, et de taille, il semblait décidé à lâcher prise. Il autorisait presque la soudure avec Samia. Effet immédiat, je reculais d'un pas avec l'impression d'y passer la bague à lui. Il jouait à l'agneau, aussitôt je me suis senti loup. Les rôles s'inversaient. L'attirance et la répulsion jouaient des coudes. Pour la première fois de sa vie il avouait une impuissance et cette nouvelle valait pour moi la douzaine de baffes qui avaient tordu mon nez. Il ne tenait qu'à moi de ne pas ébruiter cette défaite invisible et ce fut un honneur que de préserver son mythe, l'honneur aussi de ne pas effacer cette enfance qui nous avait vus marcher côte à côte un temps jadis, si court fût-il.

Maman, qui avait l'habitude de me fouiller jusque dans les cavités de l'âme, a cru, quand je suis rentré, au mensonge d'une bagarre quelconque, et les gouttes de sang séché sur mon blouson l'avaient presque flattée dans l'idée que je devenais un homme et que quelques tartes éparpillées dans la vie ne pouvaient pas m'être inutiles, qu'elles forgeaient en quelque sorte le caractère. La semaine qui suivit, je l'ai tout de même passée bichonné comme un nouveau-né.

J'ai attrapé un jean et me suis arrêté en cours d'enfilage. Dans toute la maisonnée un silence m'a agressé, ça m'a fait drôle, on entendait même les mouches immobiles. Je me suis rendu compte qu'il était dix heures et que mes frères et sœurs avaient depuis longtemps rejoint leurs classes respectives. J'ai presque poussé un râle de soulagement. De toute ma vie je n'avais pas eu telle sensation de paix, presque de sérénité, si ce n'est un bac qui m'attendait toutes griffes écartées pour me balafrer la figure, et justement je m'autorisais ces temps-ci des absences à répétition pour réviser seul à la maison.

Avec mes potes de terminale nous avions bien essayé des rendez-vous au bar Le Boulis, mais nous fallait une heure de flipper, une autre de baby, avant de s'enquiller les Lagarde et Michard. Un fond de Pink Floyd et de tiroir-caisse n'arrangeait pas mes neurones qui déjà en temps normal éprouvaient les pires difficultés à se mettre en rang. Les filles m'obsédaient et la simple vue d'un décolleté m'électrifiait dans des barbelés à deux cent vingt volts. J'entends encore Bébert :

— Magyd sois cool.

Je supportais plus cette expression de bourgeois de terminale.

— Comment cool ? Avec tous ces derrières de praline fourrés caramel.

J'ai fait couler un peu d'eau, un cri.

— L'eau ! (En kabyle, *Èmen !*)

J'ai marmonné :

— Je vais la payer, ta facture.

— *Inch'Allah*, mon fils.

— Non pas *inch'Allah*, sûr ! Je supporte plus cette expression qui promet le paradis sans en montrer la voie.

— Que Dieu te brûle la langue ! (En kabyle bien sûr, *Aké seurgh reubi ilsikh !*)

Elle était là, elle, la gardienne du temple, mon monstre moitié ange moitié démon, ma mère.

Nom de Dieu, j'ai pensé au fond de moi, pas moyen d'être seul dans cette piaule une seconde ! Dieu ! Toi qui aimes les musulmans qui se tiennent droit, ne font pas honte à leur famille et maîtrisent leurs conjugaisons sur le bout des doigts, et qui de surcroît passent un bac, ne t'est-il pas possible d'intervenir ? Jamais ? Jamais cette maison ne s'est vidée de son occupante. N'est-il pas possible d'accélérer ce progrès qui fait les femmes dehors, l'homme au taf et l'enfant dans sa crèche ? Tu me diras, un T6 ne s'évacue pas si facilement de ses dix, onze ou douze autochtones.

Être seul, est-ce tant demander ? Tu m'étonnes si j'ai campé dans les chiottes, le seul endroit qui vous cerne de quatre murs et d'une minuscule fenêtre. Les chiottes en guise de plage à la Bora Bora. Les chiottes, cette île lointaine inaccessible au regard et à l'oreille des belligérants locaux. Les chiottes, cette galaxie bénie de toutes les divinités où le corps se détend et le reste aussi. Les chiottes, cet espace de liberté, ce bout de démocratie, cet isoloir des sens, j'arrête là.

Si mes calculs sont bons, ce matin-là j'ai eu dix-sept secondes de parfait silence. Un acompte du Bon Dieu, une première avance avant le versement de la totalité.

C'est qu'à dix-huit ans révolus je suffoquais, j'en étais encore à clore mes paupières au milieu d'un lit avec un intrus à ma gauche, un insomniaque à ma droite, et le tout sur un sommier de cent quarante. J'abordais là dans le secret de mon âme en feu mes premières revendications.

Maman… C'est plus possible, j'ai dix-huit ans, t'as une idée de ce que c'est qu'avoir dix-huit ans ? Est-ce qu'il te faut un dessin ? Mes rêves exigent désormais un peu d'espace, j'ai chaud, je transpire, je souffre, est-ce que tu comprends maman ? Comment explique-t-on à une Algérienne de quarante ans qui descend de la montagne et qui parle pas français les secousses intimes, les tremblements intérieurs, le palpitant vertige post-adolescent ? Par des gestes ? Impossible. Pas chez nous.

Y a-t-il un spécialiste des immigrés obtus ? Y a-t-il un Kabyle ici-bas spécialiste des tourments intimes ou un Arabe qui traite du manque horizontal ? Est-ce que cette langue a le verbe adéquat pour expliquer à ma mère ceci ou cela qui fait les nuits blanches de l'adolescent fébrile ?

D'autres questions. Est-ce qu'être le premier ba-chelier de cette cité infâme autorisera à approcher ces dames du trottoir qui, dit-on, donnent pour une somme modique l'apaisement nécessaire à la poursuite d'études universitaires?

Elle s'est précipitée sur le réchaud pour mon petit-lait du matin, personne à l'horizon, j'allais pouvoir minauder tel l'enfant gâté, le bien nommé "fils unique". Marre du partage, de l'équité, de s'entendre dire : "Et les autres?"

Maudite formule qui n'a fait qu'infecter ma peau de boursouflures rougeâtres. "Les autres", plein le cul des "autres". Se pousser, faire place, échanger, aider, soulager, porter. Je maudis tous ces verbes venus de l'Europe de l'Est. J'aime mieux jouir, profiter, savourer, se servir, grossir. Dieu, tu comprends pourquoi les pauvres n'aiment pas partager? À force de ne rien avoir jamais, ils ne rêvent pas de posséder mais de tout posséder, un pauvre c'est plus foireux qu'un riche, il marche sur le cadavre de plus pauvre que lui. Un pauvre c'est coléreux, ça montre sa richesse pour être sûr de faire mal, il a besoin d'éteindre un incendie de deux siècles parfois. Au fait, mes aïeux? Depuis combien de temps tirent-ils tous les diables par la queue? Non, ne répondez pas sinon je vais frapper ma mère! Pourquoi? Mais pour m'avoir engendré, tout simplement!

Si au moins comme mes potes du quartier j'en étais resté à l'alphabet primaire, au coup de boule et au "dévastage" d'arbres fruitiers, d'accord, mais là! Vous m'avez enferré entre les mains d'une folle qui exige son bac. Pourquoi ne l'a-t-elle pas passé elle, le bac? Ne s'est-elle pas cogné le théorème de Chasles, celui de Pythagore, les identités remarquables?

— Allez, viens déjeuner… a ordonné ma mère.

J'ai fait la moue et, pas folle, elle s'était préparée au caprice final. Depuis vingt ans l'entraînement avait été rude mais elle me tenait la dragée haute. Elle se serait laissé marcher sur la gueule pour le Brennus des quartiers nord, un papyrus appelé "bac". Elle aurait mangé des orties, jeûné un mois durant indifférente au coucher du soleil. Elle se serait dressée contre Dieu s'il s'était permis de dire :

— C'est trop ! J'en demande pas tant.

— Comment c'est trop ? T'as pas des épreuves plus dures ? Je peux te montrer ce que c'est que croire. Dieu ! La foi, es-tu sûr de l'avoir éprouvée vraiment ? Tous ces croyants qui s'honorent de s'incliner sont-ils à la hauteur ? As-tu tenté l'ultime ? Seigneur, as-tu peur de plus entier que toi ?

J'ai senti quelque chose la chiffonner…

— Ce jean, ce jean, un jour c'est dans la poubelle qu'il va finir.

— T'as pas intérêt, j'ai dit tout bas.

— Quand on passe le bac, on porte pas de jean rapiécé, tu me fais honte, les gens vont croire que t'as raté le bac.

— Eh ben, qu'ils le croient !

J'ai cru qu'elle allait s'écrouler, elle s'est appuyée sur le dossier d'une chaise et s'est mise à respirer fort, j'avais décoché une flèche surpuissante qui avait percé son cœur une énième fois mais l'animal ne voulait pas céder sa carcasse au charognard que j'étais. Non, je mourrais pas dans la morne plaine, je mourrais même pas du tout.

— Eh ben, vis !

Puis la sentence habituelle :

— Un sarcophage d'Égypte ne m'empêchera pas de m'extraire pour voir ta gloire, mon fils.

Ouais c'est ça.

Elle ressemblait à la dépouille des cerfs touchés dix fois dans les flancs et qui restent le regard blanc sans gémir, elle retenait sa plainte d'avoir à payer le prix fort. Elle pensait plus à se retenir qu'à se répandre sur un injuste destin, elle était près du but. Mon cœur s'est serré, ma tête, elle, me suggérait de ne pas plier, il en va de ta liberté, petit frère. À chacun sa douleur. Regarde, elle fléchit mais elle ne casse pas, oublie que c'est ta mère et défends ta peau, la liberté est à ce prix. J'avais dit : "Ben qu'ils le croient…"

J'ai pas pesé ma phrase, je venais de suggérer l'échec possible. Erreur. Elle n'avait pas envisagé ce funeste scénario, d'autant que toute cette fichue année je rentrais faussement rieur, alerte et prévenant. Toute l'année j'avais été accueilli par des : "Alors?" J'y répondais "Super!" ou bien je pinçais mes lèvres en hochant la tête façon de lui dire : "C'est cool!" et elle repartait au galop. Quant aux bulletins de trimestre, elle n'allait plus, sur mes injonctions, les exhiber chez telle ou telle voisine. À l'heure du bac, fallait qu'elle taise sa terreur de l'échec à l'ultime palier. C'était sa bataille de la "marne". Pour elle je marchais sur la lune et personne n'avait à y poser le pied. Les premiers temps, j'avais kiffé d'être porté par elle comme un chef gaulois mais très vite l'envie de mettre un pas devant l'autre, de toucher le plancher des vaches, m'avait obsédé.

Je passe un bac bordel, je marche pas sur la lune.

L'impression d'une tribune pleine de spectateurs en train de m'applaudir finissait par me terroriser. On attendait de moi l'exploit, pourquoi pas le ciseau retourné et la balle qui va se loger pleine lucarne.

C'en était trop, mais comment faire face à cette femme sans âge, sans sexe et sans mémoire qui voulait tout reconstruire à travers moi comme un premier jour du monde ? Elle n'avait pas été, il lui fallait être et c'est moi qui devais couper le cordon, lui donner vie, la faire renaître. Comment faire face à cette femme qu'avait vendu le paradis pour un diplôme ? Tout le monde ne le fait pas. Tous ces bijoux fondus chez le bijoutier pour m'assurer des cours particuliers de maths, des cours d'anglais, de français sans compter le budget cacahuètes et menthe et thé pour accueillir le beau monde. Quoi ? Des bijoux fondus pour l'école ! Il lui manque une case à la Taoues.

Dans ma cité fallait le faire !

Sacrifiée l'allocation familiale et le reste de la fratrie en assumant l'inégal traitement. Fallait du courage pour annoncer : "Je peux pas le faire pour tous alors je mise sur un seul." Elle disait aussi : "Il suffit pas d'avoir une mère, il faut qu'elle soit sa mère !" Ouf.

L'ardoise montrait le bout de son nez, je pensais : la lourde est sévère, le chiffre a plein de zéros. Elle me demande d'être au niveau et entre elle et moi c'est le combat où chacun dit à l'autre : "Sois à la hauteur."

Et chacun croit l'autre infernal. J'attendais d'elle qu'elle soit mère, femme et fille. Elle me demande encore d'être l'hybride mi-Cassius Clay mi-Pasteur, le coup de boule et le coup de génie, l'omniscient et l'omnipotent.

Une espèce de dieu dont elle serait la Marie sainte et immaculée. Prête à dire : "Oui, celui-là je l'ai eu sans rapport sexuel. Il a été conçu dans ma tête et le voilà en chair et en os."

C'était ça, Taoues (le paon). Les notes au-dessus de dix ne lui suffisaient plus, elle disait "dix-huit" comme par mimétisme. Dix-huit ou vingt, maudite barre au-dessus des nuages. Elle voulait que je sois l'érudit des villes et le paysan qui éclaircit les carottes. Elle exigeait que je comprenne l'origine des maladies, la qualité des sols. Elle voulait que je boxe et que je tende la joue gauche en même temps. Que je sache rincer les assiettes, faire mon lit, cuire les pâtes et donner le biberon. Que je sois un homme mais aussi une femme. Qu'on dise : "Elle a enfanté un dieu nouveau, un dieu à deux sexes pour rétablir une justice mal fagotée par le précédent. Humains ! L'humanité ne fut qu'un premier brouillon, voici la version définitive !"

Sa force, à maman ? Se reprendre tout de suite, redresser la montagne écroulée l'instant d'avant, défier l'apesanteur.

— T'essaies de me faire peur !

À nouveau une sentence est tombée :

— Je vivrai jusqu'à la récompense et tu m'embrasseras la main comme un esclave!

— Un esclave?

— Oui un esclave, comme les Noirs.

— Si c'est comme les Noirs, ça me va.

— Oui c'est ça, rigole, allez mange!… Quoi, tu finis pas?

— Non, j'ai rendez-vous avec Hélène à l'association.

— Tu ferais mieux de t'occuper de toi au lieu de t'occuper des autres.

— Mmmmmmmm?

— J'ai rien dit.

— Bon.

Je suis sorti, des abeilles accrochées dans les deux lobes.

En marchant, la gamberge toujours. Et si j'avais pas le bac. Que dirait-elle? Quels mots lui viendraient à la bouche. Impossible! Il en existe aucun. Et si elle se tournait vers Dieu? Honteuse, défaite. Elle céderait sans doute.

— C'est toi le plus fort, pardon. Pardon de t'avoir offensé, mais aussi pourquoi m'as-tu donné ce fils, il m'a déboussolée, il m'a fait croire que j'avais une raison de vivre, je me rends compte aujourd'hui que ce n'était qu'une épreuve de plus que tu m'as infligée. Les autres, tu les as éprouvés à coups d'obstacles de pacotille, pour moi t'as élevé la barre et je t'en remercie. Pardon d'avoir sous-estimé le ciel. Tu m'as choisie comme exemple parce que je refusais l'épreuve trop facile alors que d'autres l'ont bénie et plutôt cinq fois par jour. Je vais désormais m'incliner plus bas, me taire et me terrer. Je vais m'engloutir dans les prières et disparaître, m'effacer de ce monde et demander pardon à ceux que j'ai offensés. J'ai cru aux mensonges de ce pays qui m'a ôté mon voile, redressé le menton et m'a poussée à croire qu'on peut vaincre la destinée. Maudits soient les livres et leurs messages corrompus, maudits ceux qui s'adressent aux faibles pour qu'ils brandissent les étendards de la liberté, de l'envie d'être soi, de l'envie d'être tout court. Maudits les instruits qui nous détournent de Dieu, qu'ils aillent l'affronter eux-mêmes. Moi je retourne à mon mari, à sa poigne, à ses coups de ceinture, car il n'est pas de châtiment assez fort pour que la femme marche dans ses pas.

Je marchais, je gambergeais, et je passais d'une femme à l'autre.

La première renvoyait la seconde. Samia. Je l'ai perdue. Samia ma croix… Heu pardon, mon croissant! Que disait-elle?

— Pour toi je m'emprisonne. T'es à la hauteur du deal, jeune homme? Le sacrifice, ça te parle. Tu vois, j'entre dans la cage et je m'enferme pour la vie, ça te dit? Moi je me sens pas de voler de mes propres ailes mais je peux être le nid, le plus doux de tous les nids, je peux aimer et donner envie d'aimer. Je peux aimer pour mille, peux-tu l'écrire? Toi? Je sens que tu voles déjà, ton corps porte les griffures de ceux qui font l'aventure. Moi, j'ai trop peur et toi, peux-tu t'interdire de voler?

C'est ça! Elle me demandait de voler mais à hauteur d'homme, qu'on puisse me domestiquer, laisse lâche. Que je m'extraie de la fange sans en perdre tout à fait l'odeur, garder quelque chose d'humain pour pas nous perdre. C'est ça, me lier au passé mais l'horizon comme cible, à égale distance du souvenir obscur et du rêve de lendemains solaires. Qui, moi?

M'aimait-elle vraiment ou plutôt l'idée qu'elle s'était faite de moi? Un genre de poète sans l'écorchure. Ça existe? J'écrivais. Cela a-t-il flatté un orgueil hors du temps?

Et si cet orgueil rivalisait avec sa beauté, comment l'aurais-je contenu?

Elle voulait rester vierge "au cas où", au cas où quoi? Qu'attendait-elle? Une promesse. Le meilleur? L'éternité à deux? L'éternité alors que je n'étais pas né, quel non-sens! Le quiproquo absolu. Elle et moi : deux langues étrangères. L'a fallu qu'on se cogne à l'endroit des caresses. L'accident plutôt que l'union idéale, comme s'écraser sur une piste d'envol, être enterré au moment de rejoindre le septième ciel. Elle voulait s'ouvrir sans baiser, je comprenais pas la finesse du postulat. Moi je voulais baiser dignement et je comprenais pas plus mon équation… Fin de trajet, fin de gamberge.

On était mercredi, jour de soutien scolaire, et ma petite troupe et moi sur le pont. Deux dizaines d'enfants de six à quatorze ans bûchaient sous la houlette de profs improvisés, ma bande, magnifique. Tout ce que la cité comptait de lycéens ou d'à peu près compétents pour la mise à flot de nos petites têtes frisées était là, décidé à en découdre avec les fautes d'orthographe, les équations à une inconnue et toutes sortes de lacunes – et il n'en manquait aucune. Heureusement, Hakima assurait, c'était notre matheuse. Une matheuse dans un quartier défavorisé, ça valait des palmes, une Légion d'honneur. Mon bac à côté pesait *peanuts*. Vous en connaissez, vous, des matheux en zone défavorisée ? Permettez que je réponde à votre place, ami lecteur : c'est non. Alors je la chérissais ma petite Hakima, je courbais l'échine et me battais pour qu'elle puisse sortir le soir. Je rendais mille services à sa mère, jusqu'à lui devenir indispensable.

— C'est moi qui irai à la CAF, ne vous inquiétez pas !

Ma présence continue chez eux frisait l'indécence. Chez les Blancs, l'adultère eût été aisément évoqué. Hakima : sans elle point de projet, point de soutien scolaire, car le client était légion dans la faillite mathématique. Hakima la rigolote, je lui cédais tout car à bras-le-corps elle s'attelait à ces travaux d'Hercule en souriant, et ne se décourageait jamais. Vus d'elle, j'aimais la cité, la misère et les immigrés. La réussite qui naît des cendres ramenait de l'espoir. Oui, qu'elle est belle quand elle s'élève dans la mer démontée.

La réussite d'Hakima me galvanisait.

Voilà qu'est entré Miguel, mastodonte gitan et penaud. Miguel fredonnant un flamenco de pacotille : *"Ah qué dolor ah qué dolor"*, je m'en bouchais les orifices. J'étais juste en train de faire réciter à la petite Nadia un poème de José Maria de Heredia.

Miguel s'est penché sur la feuille que je tenais au bout des doigts, il a fait "Oh! C'est un Espagnol, comme moi!", il venait de lire le nom de l'auteur du poème *Les Conquérants* en y ajoutant un accent prétentieux d'Andalousie.

— Heu, non, il est cubain.

— Oïe! qu'il m'a toisé de son accent perpignanais, c'est pareil, frère.

Note d'humour, j'ai dit :

— Bon, Miguel, assieds-toi, tu vas t'instruire deux secondes, si c'est pas trop te demander... Nadia, je t'écoute...

— "Comme un vol de gerfauts hors du charnier natal,

fatigués de porter leurs misères hautaines,

de Palos de mother..."

— De Palos de Moguer!

— "De Palos de Moguer... routiers et capitaines partaient, ivres d'un rêve héroïque et brutal..."

Miguel l'a interrompue :

— Maman! J'y comprends que tchi, t'as raison, mon frère c'est pas un Espagnol.

— Bon Miguel, on travaille là, qu'est-ce que tu veux?

— Magit (il m'appelait Magit en prononçant le *t*). Y a pas moyen de payer l'électricité de la daronne? Elle pèt' les plombs et j'ai pas de lové.

— Mais c'est pas ici Miguel, il faut que t'ailles voir l'assistante sociale.

— Non! Le con d'sa mère, pas elle, je l'ai déjà guintchave (sollicitée) pour le gaz la semaine dernière, elle m'a dit "je veux plus vous voir avant trois mois"... Sa race, là si j'y vais c'est la latche (honte).

— Ben oui! Tu peux pas y aller toutes les semaines, un coup c'est le gaz, l'électricité, la taxe d'habitation, les fournitures scolaires et tu veux pas travailler?

— Non non, c'est Babylone ici!

— Oui c'est Babylone, mais t'en as beaucoup bénéficié, de Babylone.

— Aaah tout c'est cher ici.

— Oui mais ce que tu fais là, ça s'appelle de l'assistanat.

— Assistanat j'y chie d'ssus, copain.

— Eh oui, je vois ça.

— Comment qu'on fait? Elle a pas d'sous l'association?

— Oui, elle a des sous, mais c'est pour acheter des livres, pour organiser le soutien scolaire...

— Bah, on y chie d'ssus, le soutien scolaire, tu crois que tous ces bâtards y vont faire le docteur, c'est que de la racaille, tu tournons l'dos et y te plante, je les connais les bicots.

— Bon, arrête!

— Je dis pas ça pour toi, y en a, sur ma mère y sont droits… mais les aut'…

J'aimais beaucoup Miguel, c'était un géant au cœur d'or qui adorait les mômes, ratait pas une occasion de les faire rire en imitant la basse-cour, et n'hésitait pas à leur offrir des bonbons, toutes sortes de sucreries. Fils de Gitans qui se foutaient de la scolarité comme d'un rot innocemment échappé, il savait à peine lire mais pour ce qu'était de débarrasser les meubles les plus lourds il répondait présent et souvent une pâtisserie suffisait à faire salaire. Serviable et presque courtois, tout le monde l'aimait.

Pendant que Nadia me récitait encore et encore *Les Conquérants* et après qu'il eut salué Hélène, Agnès, Samir et Hakima, il est revenu vers moi et m'a brandi mains tendues un appareil photo :

— Tiens ! Ce que tu veux, ce que t'as dans les poches et il est à toi.

— Et tu me fais ça sous le nez des élèves ?

— Hein ? (Il n'avait pas compris l'image.)

— Je dis, tu fais ça devant les enfants.

Lassé, il s'est tourné vers Hélène :

— Hey Bob (il l'appelait Bob, rapport au frisou de ses cheveux), t'en veux pas d'un appareil photo ? Vous, les raclos, vous f'zons des photos pour Noël, pas comme célass (ceux-là)…

— Mais Miguel, on n'est pas Noël.

— T'as pas des enfants ?

— Non.

— J'vas t'en fair' si tu veux, cinq, six, je te les laisse tous et je garde le dernier pour quand j'suis vieux…

— Non, je crois que je vais me débrouiller toute seule, merci.

— C'est dommage, lui chuchota-t-il à l'oreille, j'ai du sperme de Gitan, ton enfant y va être comme un J9!

— Un J9! C'est quoi ça, c'est quoi cette horreur!

J'ai fait signe à Miguel de pas dépasser les bornes et pour évacuer le quintal malpoli, je lui ai proposé d'aller fumer dehors.

Plus tard, Nadia m'a dit :

— Pourquoi vous le laissez entrer? Ma mère elle dit que c'est un voyou, que chez eux on fait jamais la toilette, qu'ils sentent mauvais et qu'ils couchent tous ensemble…

Ça m'a sidéré, j'hésitais entre une paire de gifles et la manière pédagogique qui veut qu'on soit patient, qu'on explique et qu'on recommence s'il le faut. Et j'ajoute, dans l'explication mettre les formes et ne pas réduire sa mère à une mégère d'un autre âge.

— C'est pas bien ce que tu dis, d'abord ils ne couchent pas ensemble, c'est vrai qu'il fait des bêtises mais tout le monde en fait. C'est juste qu'ils sont très pauvres et pour le reste on leur a coupé l'eau et l'électricité, alors c'est vrai qu'il sent un peu. Tu vois, il faut toujours se demander pourquoi quelqu'un fait des bêtises ou pourquoi telle ou telle personne n'a jamais appris à lire ou à écrire, toujours se demander pourquoi quelqu'un a des problèmes dans la vie, c'est toujours dangereux de juger une personne à son apparence, regarde, nous, les Arabes, souvent on est jugés à l'apparence…

— Oui c'est vrai, les Français disent qu'on est des voleurs.

— Tu vois, ils se trompent, toi et moi on a jamais volé… Toujours penser à réfléchir, t'as compris?

— Oui, mais quand même, il est raciste.

— Zzzzzzzzzzzzzz!

J'ai entrepris Miguel :

— Tu vas trop loin.

— J'ai des problèmes, cousin! Toi tu connais le maire? L'assistante sociale? Y vous donnons d'l'argent, qu'est-ce que vous en faites?

Il parlait comme tous les manouches à la première personne du pluriel.

— On s'occupe des enfants, on leur fait l'école!

— Et l'école, à quoi ça servons?

Je me voyais mal lui expliquer que tous ces mômes étaient en difficulté scolaire et qu'un programme d'État permettait grâce à un financement solidaire d'organiser un soutien scolaire afin que les enfants ne se retrouvent pas en situation d'échec, échec qui lui-même entraînerait une marginalisation de ceux-ci et désocialisation, blablabla… Alors j'ai raccourci mon argumentaire :

— L'école… C'est plus ton problème, à toi? Ça t'intéresse, la grammaire?

— La grand-mère je l'encule!

— Eh oui, et c'est pour ça qu'elle t'aime pas, la grammaire, tu lui fais mal à tous les temps.

— T'as raison même quand y pleut, v'là le chibre, un bâton!

— Écoute, tu viens plus devant les enfants nous fourguer ce que t'as tchouré la veille, c'est du recel. Tu sais les risques qu'on prend si on découvre qu'on t'achète du matos volé?

— On s'en bat les couilles. Toi t'es copain avec les schmitts (les flics), non?

Il venait de me couper les jambes :

— Qu'est-ce que tu dis?

Il insinuait une complicité véreuse. On en était donc là des rumeurs. Sous prétexte d'une collaboration préventive avec les îlotiers, le pas avait été franchi d'un fricotage où à l'occasion on balançait tel ou tel délinquant...

— On est pas copains avec les schmitts, on organise des tournois de foot...

— Le Nacer, c'est ton cousin ? J'te parie qu'il sort dans les trois mois.

Je suis resté baba, si ce grand naïf était capable de lâcher un tel obus, qu'est-ce qu'il en était des autres, les Mounir, les Saïd de la bande d'en face. Et Miguel de continuer à poser ses petites bombes.

— Moi je sais que tu vas pas me poucave (trahir), tu me connais, sinon je mets deux bidons d'essence dans le couloir et je te brûle tout l'bâtiment... Après je pars en prison, toi tu fais un dossier avec "LA" Hélène... Que je suis sans travail, que mon père est handicapé, que ma mère elle est dérangée du teston, et je sors.

En quelques phrases il m'avait résumé dix ans de prévention de la délinquance. En deux mots, j'étais une balance, je percevais des subsides illégitimes de l'État et me fourvoyais dans des exercices vicieux de circonstances atténuantes. Super.

— Il est rigolo ce Miguel, a fait Hélène, quel humour ! Ce mec il est au trente-sixième dessous et toujours il sourit.

— C'est du bon désespoir, articula Samir.

— Ouais, c'est mieux que des jérémiades...

Puis, se tournant vers moi, Hélène m'a avoué :

— Son histoire de sperme gitan, tu devrais l'écrire.

Et j'ai pensé que je n'allais quand même pas me promener avec un stylo autour du cou et des feuilles en bandoulière vu que chaque bouche qui s'ouvre est ici un roman de Zola. Mais j'aimais cette façon de distance qu'avait Hélène, toujours à lire le sens caché d'une expression, si triviale soit-elle. Combien de fois je l'avais entendue dire : "C'est intéressant, c'est du langage et il en vaut un autre."

J'aimais cette façon de ne jamais rien réduire sous prétexte d'indécence ou de grossièreté, elle ouvrait son compas intellectuel au plus large et on en bénéficiait tous. Elle ne relevait pas non plus un acte en soi mais sa signification profonde, elle était au-delà de son job, elle sublimait autant l'érudition que la vulgarité apparente d'un propos. Toujours prête à soulever l'origine du mal. Elle pouvait être insultée de la pire manière sans perdre l'idée que ça relevait d'un manque, d'une faille affective, une fêlure identitaire.

D'autres auraient dit : "Encore l'argumentaire des « excuses » !", mais moi j'aimais qu'on en ait, des "excuses", j'en connaissais les bienfaits. Je découvrais l'empathie. En cela, Hélène n'était pas éducatrice, elle faisait partie de ma famille. Elle ouvrait des écluses et j'y déversais le tout-venant, ensuite elle irriguait pour que les crues ne débordent pas au-delà de frontières qu'elle fixait délicatement et que je ne cernais qu'à peu près. Ainsi on labourait des sols vierges, on bâtissait des murs protecteurs, on établissait des règles de vie commune qui dépassaient parfois le cadre, mais cadre il y avait. Sa priorité : l'équité entre filles et garçons – et nous faisions l'apprentissage des mille détails qui font le goujat, et chez le Reubeu il est légion.

Deux fois par semaine, rendez-vous était ainsi donné à tous les enfants pour une mise à niveau relative. Le quartier regorgeait d'ahuris en partance pour l'activité bâtiment, et cela dès l'âge de onze ans. Pour le reste, la prison Saint-Michel écartait de grands bras de bienvenue.

L'échec scolaire devenu endémique nous avait, en plus du soutien scolaire, convaincus de la nécessité d'un lieu de vie où tenter l'initiation au plaisir d'apprendre, à celui de se retrouver dans des pratiques d'expression corporelle (qu'on disait alors) ou artistiques. Le tout s'opérait selon les aptitudes qui étaient les nôtres. Comme qui dirait, des aptitudes en quinconce mais qui giclaient la puissance de la jeunesse, la certitude d'être les meilleurs.

Agnès, qui dansait depuis son plus jeune âge, proposait un atelier de danse moderne, Momo, lui, développait l'atelier théâtre ; quant à Samir, obsédé de révolution… la clientèle militante le boudait, alors il avait suivi Momo dans l'art de cabotiner sur les planches. Bija (avant "l'accident") et Hakima épaulaient Agnès, moi je versais dans l'atelier d'écriture. Quant à Hélène, elle chapeautait le tout. Voilà présenté mon équipage de fous furieux.

Descente aux enfers, ma rue, des mômes, les mêmes, redoublent de boucan, même motivation pour tous : déranger son prochain. *Ghetto blaster* et *funky music* à la toque, mais ici point de bourgeois à effrayer, que du menu fretin, de la basanée acariâtre, du foulard pas cher, des fins de parcours avant la date officielle des trimestres, de la mère fugace, isolée. Côté mec, du Reubeu déclassé, pensionnaire des aides sociales. Soudain une pause sonore et voici l'exposé du jour :

— Vous, les Marocains, vous êtes des lèche-culs, les Français vous les avez laissés rentrer chez vous et ils vous l'ont mis bien profond.

— Vous, les Algériens, vous baisez des ânes et vous sucez les chèvres, c'est pour ça qu'ils sont partis, les Français, pour pas se faire enculer.

— Et vous, vous léchez le cul du roi.

— Et vous, vous vous lavez jamais, vous puez la merde !

Et là erreur ! Maladresse fatale, l'a fallu que Momo joue les fanfans frisés.

— Taisez-vous les débiles, allez réviser votre histoire.

Moi comme toujours je pilotais le périscope, un œil à gauche, un œil à droite, à cause des satanés grands frères, etc.

Samir, lui, achevait à coups de talon le bout de shit qui l'avait déposé sur Mars, je riais de le voir arborer un sourire des plus élastiques.

Soudain, contre-attaque !

— Hé, les drogués !

Tayeb et Driss désormais unis nous ont fait face en se passant une balle et jonglant de plus belle. Du haut de leurs quatorze ans ils nous ont toisés, sûrs d'être protégés par d'acariâtres casseurs de dents. Ils savaient nos arguments plus littéraires qu'explicites et les avaient traduits comme inoffensifs, ceci expliquant cela, c'est sans vergogne qu'ils ont dégainé.

— Vous fumez ?

— Dicave (regarde), ils ont les yeux fermés, hé, de quelle couleur y sont, les nuages ? Combien j'ai de doigts ?

— C'est vrai qu'une fois vous avez vu une girafe sur le balcon ?

On subissait, c'était selon, des tests de psychomotricité, du calcul mental auquel on donnait pas suite par lassitude et pour se garder un peu de hauteur. Ils restaient des petits frères de la cité mais ce jour-là Momo s'était senti en verve et quand l'un de nous trois l'était, il emportait les autres. Il s'est penché vers Driss :

— Ouvre ta bouche, Driss ? Hummm (air écœuré), ça embrasse les filles, ça ? Y a plus d'ivoire dis donc, il faut que tu rentres en France.

Samir a fait :

— Mais il est en France !

— Tu veux dire en ce moment ?

— Oui !

— Impossible, on peut pas vivre en France et avoir une dentition pareille ?

— Ah ? Tu me mets le doute.

— Y a pas de doute, regarde !… Je dis rapatriement sanitaire immédiat, tu entends, Driss ? Retourne à la civilisation et quitte ce territoire insalubre parce que ce que je vois est fortement préjudiciable, ne serait-ce que pour les yeux de ton interlocutrice… Ça pique.

S'en est suivie l'avalanche de bons mots :

— Ouvre ta bouche indigène et fais allégeance à l'érudit ou je te rudoie.

— Que vois-je, un cimetière, oh mince ! Tout est sans vie dans la cavité buccale.

— Tu sais, manant, qu'ici la chirurgie a fait d'énormes progrès ?

— Je propose qu'on se cotise… Est-ce que tu veux une mâchoire ?

— Et un sourire!

— Oui! Une mâchoire et un sourire, bien sûr! Il faut arrêter la harissa aussi, y a des risques d'infection, peut-être vas-tu mourir?

Les flots furent stoppés par un: "Bande de pédés!" Et nous d'ajouter en chœur:

— Voilà! On y est!

Et de conclure par un refrain de notre composition.

C'est nous les trois pédés de la rue Raphaël
nous, on nous dit pas "ils" on nous appelle "elles"
c'est nous les trois pédés de la Raphaël
ne nous appelez plus monsieur mais mademoiselle

Tayeb, l'ombre facétieuse de Driss, nous a affublés d'un aimable "Enculés!", ce qui loin d'arrêter notre éboulis verbal a enclenché, mais cette fois entre Salim et Momo, une scène croquignolette, façon moyenâgeuse.

— Plaît-il?

— Qu'est-ce?

— Le gueux, il vous demande d'aller… vous faire enculer.

— Hum hum, se faire enculer, se faire enculer. Est-ce un terme du cru? Une locution locale?

— C'est cela.

— Ah… Et qu'est-ce que cela signifie-t-il?

— Heu… Comment dire… D'aller quêter la sodomie.

— Diantre! Quêter la sodomie? Et de son propre chef?

— Moui.

— Et cela se peut-il?

— En ces lieux de persiflages coléreux, oui.

— Mais comment?

— Disons qu'une concentration excessive de mâles en rut exposés à une discrimination du sentiment, hum… Il arrive qu'une jonction s'opère entre gens du même sexe et…

— Ah? Et quel effet cela procure-t-il?

— Dans ces contrées inhospitalières, mon cher prince, cela relève davantage de la douleur.

— Je le crois, très cher, je le crois.

Et on s'est éparpillés en rires.

Et comme à l'accoutumée je m'étais saisi d'un stylo et notais ce qui deviendrait un énième sketch, qui faisait le délice des filles de notre bande.

Hélène, justement, qui n'était pas très loin, bassinait ma petite sœur et son inséparable Fouzia…

— Giscard est cuit, vous allez toutes être naturalisées.

Ma sœur, estomaquée, a fait :

— On va devenir françaises? Hooo! Mon père y va pas aimer, déjà qu'il a perdu quatre frères pendant la guerre! Moi je reste arabe, je t'avertis j'ai pas envie qu'y me coupe la tête, française? T'es folle!

Et puis Fouzia d'en rajouter une louche :

— Moi aussi mon père y me tue, en plus c'est *hrrâam*.

— C'est quoi, c'est *hrrâam*? a fait Hélène.

— Eh ben c'est péché… Les Français y mangent du porc.

— Et alors?

— J'ai pas envie d'aller en enfer, moi.

— Quel enfer?

— Ben l'enfer, nous les musulmans on va au paradis et vous vous irez en enfer!

— Ah d'accord, bon bé je vais me convertir.

— Ah ouais, bonne idée, comme ça tu pourras être invitée à toutes les fêtes arabes et même on te trouve un mec!

— Non?

— Sur la tête de ma mère, les Françaises c'est recherché chez nous.

— Ah bon? Et pourquoi?

— Ben parce que vous êtes libres, vous êtes pas casse-couilles.

— Comment ça?

— Eh ben vous êtes pas jalouses, vous… Enfin vous couchez facilement.

— Tiens donc.

— Non mais tu vois ce que je veux dire, vous en faites pas une ratatouille, alors que nous, bououououh! Si une fille s'approche de notre homme on lui arrache les yeux avec des pinces à épiler.

— N'importe quoi.

— Quoi, tu nous crois pas? Hé, nous on est des Arabes, on est pas modernes, regarde, toi t'es pas vierge.

— Heu… heu…

— Non t'es pas vierge, n'essaie pas de "heu" (de nous endormir), et pourtant t'es pas mariée.

— Ben, c'est pas ma faute si j'ai pas trouvé le prince charmant.

— Et si tu le trouves jamais?

— Ben ça sera jamais.

— Quoi? T'es folle! Nous faut qu'on le trouve et fissa.

— Sinon?

— On se marie quand même.

— C'est dommage.

— Quoi dommage?

— Ben de pas profiter de la vie, de son corps, d'être libre.

— D'être libre! Mais on est des filles, comment tu veux être libre?

— Moi je suis libre!

— Mais c'est ce qu'on te dit! T'es française!

— Devenez-le.

— On l'est déjà?

— Ben alors?

— Françaises légalement, pas moralement.

— C'est quoi ça?

— Pour les papiers! Mais au fond on est arabes.

— Soyez françaises au fond!

— Tu comprends rien! T'as qu'à te convertir, toi!

— Bon bé convertissez-moi.

— C'est pas possible.

— Et pourquoi?

— T'as trop mangé de porc, Hélène, en plus faudrait que t'apprennes l'arabe et nous on le connaît même pas.

— Pourquoi?

— On est kabyles…

Et elles sont parties dans un torrent de rire.

C'est alourdie de ce foutraque échange qu'Hélène nous a rejoints. Et elle n'a pu s'empêcher de nous rabrouer :

— C'est dégueulasse, vous vous êtes encore payé leur tronche, sous prétexte de quatre mots que vous avez de plus que Driss et Tayeb vous humiliez ces mecs qu'en ont pas deux pour se défendre. Si c'est à ça que ça vous sert l'érudition, je me demande ce que je fous là, ça vous fait bander tant que ça d'écraser plus faible que vous?

— Oh ça va.

— Non ça va pas, les mots servez-vous-en pour faire quelque chose de constructif. Puis elle s'est tournée vers moi : Toi Magyd…

— J'ai rien dit!

— Justement, tu dis rien mais tu ris, c'est pire.

— Mais merde Hélène, on peut rire…

— Oui! Mais ris avec eux, pas contre. Vous voyez pas comme ils se sentent humiliés par votre diarrhée verbale, tous les jours à utiliser vos métaphores à la con, c'est aussi pour ça qu'ils ont la haine contre nous et tout le reste d'ailleurs! Faites un truc positif, merde! Intégrez-les dans quelque chose… Écris-leur quelque chose, Magyd… Penses-y.

Puis elle s'est éloignée.

Samir a dit :

— On est pas des curés, merde, déjà qu'on se cogne le soutien scolaire.

— Ouais, mais moi j'suis pas éduc de quartier, a complété Momo, j'en ai rien à foutre, des tarés. Et puis c'est pas des mômes, y pourraient nous péter la gueule d'une seule main.

Ce jour-là, Hakima notre matheuse, costaude et déterminée, terminait son cours de sciences nat à grand renfort de gestes exagérés.

— "La respiration nous apporte l'oxygène dont nous avons besoin pour vivre. Notre appareil respiratoire est fait de deux poumons, l'air y entre…"

— On le sait, ça, on est pas des mongolos.

— Krimo, tu me la recopieras dix fois sinon pas de patinoire samedi.

— J'ai rien dit!

— Donc… "l'air y entre par des tubes allant… de la bouche… aux poumons", et tout cela tout en gestes puis étonnamment épuisée, elle a ordonné : Allez, cassez-vous!

J'ai eu peur d'un découragement, le soutien scolaire nous mangeait toute l'énergie et je restais sur mes gardes, en alerte. Au moindre épuisement je prenais la relève et ce soir-là, pour les détendre, j'ai dit aux filles qui venaient de libérer les derniers élèves :

— J'ai quelque chose pour ce soir!

Les filles ont fait des *"yes"* et des "super". Pour les parents les plus récalcitrants, j'ai passé quelques coups de fil à des mamans complices qui me répétaient en arabe : "Mon fils, attention à ma fille."

À cette phrase, le loup qui pressait mes couilles à se vider se faisait vieux singe ou vieille guenon en charge d'un bébé Tarzan qu'allait sauver le peuple des forêts. Plein de ces phrases plissaient mon front d'adolescent futile et j'suis devenu père sans avoir vu la chose.

Elles se sont installées dans notre petit théâtre désaffecté depuis peu. J'aimais qu'elles aient un coin tranquille pour se raconter la petite anecdote du jour, souvent un grand blond aux yeux bleus et la plupart du temps il était cool, sympa et pas arabe. Sortir avec l'un d'entre nous ne leur traversait pas l'esprit. Elles s'étaient insidieusement bridées. Nous, on n'était ni blonds ni garnis de ces cheveux que le vent promène les jours d'automne. On était cools, sympas mais arabes et, pour gâcher le tout, on se connaissait tous et gigotions dans un panier plein de serpents venimeux.

Moi j'étais cool mais arabe, j'en pensais pas moins sauf qu'un filet confectionné de nœuds les plus marins me protégeait des glissades. Un quelque chose de la sirène des pompiers m'alertait du danger à jouer les don Juans dans une cour infestée de pièges à zizi. Le mot "confiance" devenait primordial et l'ayant acquis je devenais le grand frère bienveillant, et ça m'allait.

Je m'honorais d'être à la hauteur en les laissant entre elles.

Elles s'étaient donc aménagé un petit coin douillet garni de fauteuils crevés par le nombre de culs qui s'y étaient écrasés, des tapis orientaux couvraient un carrelage froid et déjà tailladé par mille intempéries et çà et là des tables basses et partout des affiches, d'Earth Wind and Fire, Cool and the Gang et bien sûr de la satanée Jackson Family. J'aimais ces moments qui leur permettaient de lâcher l'animal en cage. Surtout quand un doigt déclenchait la touche *Play*. Fallait messieurs dames voir ça, quand elles reprenaient la chorégraphie du feuilleton *Fame* et le play-back qui va avec.

Fallait voir ces corps tout de sexe et de sensualité fauve. Fallait voir Hakima onduler comme un épais boa. Elle en disait long sur l'envie d'aimer sans obstacles, l'envie de dévoiler la femme libre qu'elle ne serait jamais et son désir savamment réprimé. Quitte à ne jamais être assouvies, danser jusqu'à l'étourdissement. Esméralda mise à mort dès le berceau.

Il fallait lire ce découragement grandissant au fur et à mesure des formes qu'elles prenaient et de la conscience du monde qui les oppressait. À la place d'un long discours féministe, elles avaient en guise de plaidoirie le mouvement du corps et parfois même une érection traîtresse me surprenait à la sueur des chemisiers. Je bandais honteux. Honteux de ne pas être à la hauteur de ma tâche, celle de les protéger, de les apaiser, d'accompagner ces corps finalement blessés jusqu'au seuil de ce qu'il était possible de soulager. Je m'en voulais de pas être plus cérébral. J'en voulais à mon empathie qui n'était pas si flagrante. Il m'arrivait même de leur reprocher à elles de ne pas péter le plafond de verre, de céder trop facilement aux injonctions de la fratrie, de l'air du temps, à celles d'une république giscardienne qu'attendait de nous qu'on retournât à nos casbahs.

Deux jours plus tôt, j'avais fait un saut à l'hôpital. Les semaines écoulées m'avaient apaisé du fameux soir où j'avais cru voir mourir Bija. Je me sentais coupable de l'avoir excitée. Jamais j'aurais imaginé pareil engouement pour un bouquin. En fait, même pas vrai. Je la savais inflammable à l'émancipation. Elle voulait éprouver la sensation d'être libre et l'histoire d'une femme qui quitte tout pour l'illusion du grand amour lui collait à merveille. Non, c'était pas un hasard si je le lui avais proposé. N'étais-je pas le pyromane des bonnes mœurs et elle, une âme instable à souhait ? N'étais-je pas un incendiaire, mais de ceux qui s'arment d'une pompe à eau, sauf que là, le combustible m'avait pris de vitesse et la victime se révélait suicidaire ? L'embrasement me pendait au nez et je me suis senti piégé. Elle attendait l'occasion de mettre le feu et je lui avais glissé le mortel briquet, quel con ! Depuis belle lurette elle soufflait sur la braise, espérant que le feu la marque assez pour attirer sur elle un intérêt qui ne soit pas de l'apitoiement. Gagné. Maintenant, fallait que j'aille à son chevet et tant pis si son frère était là, heu non, il serait capable de me défenestrer, et puis quoi ? Il ne s'agissait que d'un livre, dont je n'étais même pas l'auteur. Cette fois c'était pas un poème amoureux trouvé sous le couffin. Je pouvais sauver les apparences… Oui mais j'avais affaire à un gastéropode ! D'où est-ce qu'il allait prêter l'oreille à une argumentation rigoureuse ?

Non j'y vais pas ! Veux pas perdre mes dents, à moins qu'il ne veuille me couper les doigts comme un certain guitariste chilien. S'il a voulu arracher les yeux de sa frangine, qu'est-ce qui l'empêchera de me croquer les doigts avec ses dents cariées ?

À l'hôpital, mon cœur battait si fort qu'il m'avait fallu marquer un arrêt pour ne pas le sentir exploser en mille morceaux et dégouliner sur les murs. Je redoutais le gros Nacer mais tout autant le tête-à-tête avec Bija ou, pire, un appel au secours auquel je ne voulais pas promettre d'issue. Je maudissais cette partition de grand frère que j'allais jouer. J'aimais pas cette peur à laquelle je ne devais rien. Je n'étais après tout qu'un animateur de quartier, qu'avais-je à porter la responsabilité des chutes des uns ou des autres ? Que la police ou les autorités compétentes fassent leur boulot ! Puis cette culpabilité envers le sort de tous les damnés de la terre m'irritait, non je voulais pas être le sauveur, de personne !

En entrant dans la chambre j'avais fait "Salut Bija !" d'un ton faussement jovial, je voulais couper court aux lamentations.

— J'ai pas apporté de livres, pas de poèmes ! Rien à lire… comme ça tu te feras plus casser la gueule !

Elle s'était tenu les joues et les lèvres raccommodées de part en part, s'efforçant de pas rire.

— Comment ça va ?

Elle avait soulevé un pouce réconfortant mais il lui était difficile d'articuler le moindre mot. Juste elle me dévisageait, pressée de me divulguer son message on ne peut plus explicite : Aide-moi à partir d'ici.

Ça m'avait fait l'effet d'un piège à loup qui vous sectionne la cheville. Qu'allais-je encore promettre ? Dans les quartiers nord j'avais tout essayé, amadouer les pères, tranquilliser les mères, soudoyer les frangins, mis ma tête sur le billot en cas d'accidents. il était temps que tout cela cesse.

À l'atelier, j'essayais d'oublier les gifles, les menaces coalisées contre les corps de ces femmes. Pressé d'en découdre avec ma propre aliénation, je voulais qu'elles suivent mais j'étais un mec et pour elles "l'ennemi numéro un". Qu'il était beau ce combat qui ne disait pas son nom et ce ring qui proposait quinze rounds et les deux combattants KO.

Deux spots, toujours les mêmes, se sont allumés. Quand tout le monde se fut confortablement installé, j'ai commencé mon histoire du jour (et je le dis, j'ai pas eu plus grand bonheur que ces soirées où j'ai joué au conteur comme dans les temps anciens, là-bas chez nous, ou chez eux… mais va savoir!).

Non, jamais plus grand plaisir que ces yeux prêts à suivre le bonheur pour quelques minutes, sans entraves. Ces frangines qui n'avaient jamais rencontré ce mensonge qu'on appelle le "grand amour" étaient juste prêtes à en croquer un bout, prêtes aux sornettes s'il le fallait pourvu que l'ivresse montre quelque chose d'une caresse, d'un mot gentil, une promesse en sucre vanillé.

Samir, Momo et moi étions prêts pour elles à jouer les passerelles, toutes de fil d'araignée bâties.

Je suis monté sur scène, ai pris mes feuilles magiques et j'ai levé l'encre…

"Le camp de Ginestous était un no man's land visqueux, inhospitalier, pour cacher à la France un je-ne-sais-quoi d'indigne. Un terrain vague où les habitations s'alignaient selon un seul critère… la race.

Un enchevêtrement de tôles bariolées faisait croire à quelque chose du Brésil… sans la musique. En un mot des bougnoules et des Gitans qui se faisaient face bave aux lèvres. Tous vivaient là en provisoire, en attendant que l'abbé Pierre, vous savez…"

— Oui on connaît!

"… donc que l'abbé Pierre achève son projet de cité d'urgence.

Quand t'étais algérien à Toulouse on t'indiquait le camp de Ginestous, pareil pour tous les gens du voyage et ça donnait ça…"

— Jure!

— Sul tombeau de mon père.

— Mama! Jure pas les morts comme ça, c'est péché! (Rires.)

"Ils vivaient du chinage, du rempaillage de chaises et la plupart collectaient la ferraille ou le cuivre. D'autres encore pratiquaient la revente de l'usagé; assiettes, couverts, meubles anciens, disques ou autres appareils ménagers, nos pères à nous n'étaient que maçons…

L'Henri, un de ces voyageurs sédentaires, me disait l'autre jour : « Eh oui! Ginestous avant, c'était un "bidon d'huile" (voulant dire "bidonville"). » (Rires.)

J'étais haut comme trois pommes quand je l'ai vu la première fois, ma fée, mon bout de Cendrillon, une femme terrible qui m'a hanté longtemps. Elle avait pas de prénom, son mari l'appelait « machine », les autres « la machine » et ses enfants « la maman », chez les gens du voyage on s'appelait ainsi « le bourlo », « le Joseph », « la Cathie »…

Ce qui la distinguait des autres femmes, une incroyable paire de seins (je dessinais des griffes avec mes mains) prêts à vous bondir à la figure tellement qu'ils paraissaient aux aguets. C'est ça ! Deux fauves en boule arcboutés sur trois fois rien de linge à la perpendiculaire d'un corps interminable…

Deux mamelles cannibales pour une taille de guêpe (je dessinais un creux à deux pouces et deux index)… Une chevelure ondulée, brune et tombant jusqu'au creux des reins… Et pour couronner le tableau elle ne portait que des chaussures à talons aiguilles…

Sur le bitume ou dans la boue, été comme hiver elle chaussait haut et l'échafaudage infernal damnait les anges, à dix ans j'en étais un, à dix ans je l'étais plus…"

Je ménageais des pauses qui les faisaient trépigner.

— Alors ?
— Oui, j'arrive.

"Je disais donc qu'elle portait des talons hauts, des talons tous les jours comme on va au bal, comme si elle s'apprêtait à exécuter à tout moment une chorégraphie flamenca. Des talons hauts même les jours de repos, comme une seconde peau. Des talons au milieu des bottes, des godillots et des espadrilles, ça vous dessine le refus d'être tout à fait misérable, elle s'autorisait ça, il restait qu'à allumer la mèche pour faire exploser tout le nord de Toulouse…"

Second suspense et Momo se mettait à mimer ma lecture.

"C'était la femme du François, une « Gitane de sa race » comme il disait, et j'étais jaloux de ce nabot aux ongles noirs qui aurait pu être mon père et à qui on avait promis dès la naissance la fille d'un connard de tonton, ce bijou d'os et de viande… (Je joue l'homme révolté.)

Est-ce que j'ai un tonton, moi! Géniteur d'une bombe atomique? Non! Trois fois non! Que des morveuses de mon âge au cheveu de grillage et la poitrine en planche à repasser."

Les filles ont fait *oooh!*

"Oh ma Gitane à la cuisse de daim! Oh mon ragondin à la robe échancrée, ma jonquille éclose dans la boue, je te fais dans ce camp de malheur et pour mon plus grand bonheur… citoyenne d'honneur…!!!"

J'ai cru entendre une fille glapir :
— N'importe quoi.
— Quoi "n'importe quoi"?
— Il est vilain ton poème.
C'était Hakima, qui aurait préféré du Baudelaire, sans doute.

— Allez, continue…

"Elle passait sa vie à étendre du linge, de pleines heures pour le bonheur de mes yeux et de pleines bassines de sous-vêtements de beau-père à sécher…"

Une fille, Hasnia je crois, a chuchoté : "Ça me rappelle quelqu'un", et toutes ont explosé avec des rires de gorge.

"... Des montagnes de tee-shirts à défroisser et des tricots de peau du mari, des frères de ce dernier et de tout ce qui portait le même patronyme. On aurait dit « une de chez nous » (je les montrais du doigt) domptée, battue mais pas servile.

Ainsi elle jumelait jour après jour de pleins paniers de chaussettes par forcément jumelles. T'aurais dit un mineur plus qu'une lavandière, d'autant plus qu'elle crachait des grumeaux venus de profondeurs qu'on avait pas envie d'explorer. Tout en allant chercher au fond des paniers son charbon de textile, elle grommelait des : « Leurs morts, la serpette de leurs os, la tête de leurs morts à célass (ceux-là), dicave les chaussettes! Ma parole on dirait qu'ils les rhayave (mangent) », pas quinze mots de vocabulaire et pourtant elle se faisait aisément comprendre.

Pour la marmaille qui lui collait aux basques elle rajoutait : « Dégage, le con de ta mère, ou je t'arrache le cul avec la pointe de mon soulier. »

Et quand l'un des marmots s'avisait de dire « J'ai faim » : « Eh bé mange tes morts! T'as qu'à aller chiner chez les raclos. » (Éclats de rire à nouveau.)

Moi je restais là devant la charretière, obnubilé par une poitrine prête à exploser... "

Pas le temps de finir ma phrase que la porte d'entrée a claqué en se rabattant contre le mur, c'était Mounir, le gros Saïd et Fred le Gitan. Les filles raidies se sont écartées des garçons, Mounir a fait :

— On peut rentrer?

Et Momo d'y répondre :

— Pour quoi faire?

— Je parle pas aux tarlouzes!

Puis il s'est dirigé vers moi.

— Vous faites quoi, là?

— C'est un atelier d'écriture, on étudie Voltaire.

— Voltaire? Connais pas.

— Oui c'est pour l'école, les filles ont des examens à passer bientôt, on révise quoi.

Il les a regardées une par une dans un lent panoramique de dents serrées et s'est retenu de dire : "Sales putes, vous étudiez pour vous casser un beau jour et vous faire enculer par des Français."

Il l'aurait dit que ça n'aurait rien changé, nous nous serions tus et d'ailleurs savions jouer la partition à la note près. Elles avaient juste grandi et Mounir se lassait aussi de les traiter de putes et nous de pédés. Il se lassait qu'on lâche pas prise. C'étaient là les derniers soubresauts d'une haine finissante et l'"école" était un mot qui l'enrageait.

Puis ma sœur a cru bon de l'énerver :

— Bon qu'est-ce tu veux?

D'abord il l'a mitraillée, voulu lui coller un de ces adjectifs sans religion et s'est ravisé, non sans avoir dénoncé d'un regard ma lâcheté de grand frère sans autorité…

— Ça sert à rien les filles, vous croyez quoi? Que vous allez être ingénieur, z'en veulent pas des bougnoulettes.

Elles ont baissé les yeux, à l'exception d'Hélène et d'Agnès, révoltées et qui une fois les gugusses partis se sont lâchées. Elles étaient hors d'elles, déchaînées, entendre une condamnation pareille à l'endroit des filles les ébouillantait.

— Mais quel imbécile, quel con, j'ai jamais entendu des conneries pareilles, mais s'y veut rester "bougnoule" comme il dit, qu'il le reste et qu'il laisse une chance aux autres ! Quel con. Y patine dans sa semoule et veut que tout le monde s'y noie, c'est ça ? On l'emmerde, les filles.

Elles lui ont fait signe de baisser d'un ton, et Hakima d'ajouter :

— C'est ça les Arabes, quand y en a un qui tombe, tous les autres doivent suivre, il a qu'à suivre sa mère.

— Dis pas ça, elle est morte.

— Oui, enfin c'est une image.

— Il a peur, a fait Agnès.

— Oui ! Il a peur qu'on parte.

— Qu'on le quitte, le pauvre y veut pas qu'on l'abandonne.

— Bouh bouh !!! (Les filles ont joué les pleureuses, simulé un grand chagrin des familles.) Non ! Pardon Mounir, on te quittera pas !

— On t'aime ! a lâché ma frangine, on t'aime d'amour !

Et à nouveau des salves de rires et moi j'ai repris des couleurs.

— Bon… Qu'est-ce qu'on fait ?

— On continue, t'as pas fini ton histoire.

— Bon…

"Je restais devant la charretière obnubilé par une poitrine prête à exploser. Obnubilé mais sans quitter le mouvement de ses hanches.

Des fois, quand elle s'apercevait que les yeux d'un gugusse atterrissaient sur sa poitrine, t'entendais : « Tu veux rhayave ma minntche (manger ma chatte) ? »"

Et salve de rires à nouveau.

"Saleté de femme, sorcière! Pas moyen d'obtenir qu'elle fasse semblant d'avoir rien vu…

Méchante vous dis-je, comme élevée par les loups. Elle semblait ne rien connaître de la tendresse, ni des mots doux ni des regards soumis qui déclenchent l'envie du viol…

(Et Hélène a fait *oh!*)… Elle était pas plus câline avec les hommes d'âge mûr qu'avec les bâtards en bas âge, pas câline mais bonne comme un makrout. Elle était juste là, à n'importe quelle heure, et j'ai beaucoup couru pour être au rendez-vous de mon amour. Juste là, travailleuse mais digne mais salope mais digne mais salope!

(Re-*ho!* d'Hélène.)

Elle étendait et moi le soir je m'endormais dans des rêves de trop d'eau où je me voyais lavandier… (J'ai fait celui qui se réveille.)

— Maman! Plus tard je veux sécher du linge…

Et pan! Commence par sécher tes larmes."

— Et voilà, fin de l'histoire!

Et ce fut une ovation comme au spectacle, mon public m'a gratifié de "Encore! Encore!"

— Ouais ben, ce sera pour la semaine prochaine.

Hélène, comme chaque fois, dans une tonalité grave m'a tancé :

— N'oublie pas Bija.

"Il faut que t'écrives", toute l'année de terminale je l'avais passée abruti par cet ultimatum. Il faut que

118

t'écrives, et j'entendais "il faut que tu soignes"…
J'suis pas Dolto, merde!

Obligation morale de mes deux. Et moi alors je deviens quoi? Des feuilles, j'en avais déjà beaucoup noirci et je commençais à douter de la légitimité de mes écrits. En tout cas de l'aspect solennel que ça revêtait. Écrire pour Hakima, écrire pour Bija, Momo, Samir, Hélène, ma sœur, sa copine…

Mon égoïsme se cognait avec l'impératif absolu de sauver la plèbe.

Il m'arrivait même d'être complètement dérouté. L'idée de tout abandonner me perlait au front. Oui, tout larguer, adieu la grande saga des quartiers, bonjour le béton armé. Rejoindre mon père dans l'activité débarrassée des gesticulations cérébrales. Être détaché tout à fait du sort des autres; et l'instant d'après j'étais rattrapé par l'échelle qui me montrait une lune que je ne voulais pas décrocher.

Maman n'avait pas mis le loquet, exprès. C'était un deal entre nous, le bac ou le loquet. Sans bruit Samir et moi avons enjambé la fenêtre pour finir la soirée dans ma chambre sur un fond de Brassens. Il s'est roulé une herbe qui rend hilare, moi j'ai sorti ma Stuyvesant… On s'est allongés, parallèles, et nous regardions les volutes s'écraser contre le plafond, il a ouvert les hostilités :

— T'as vu Momo?

— Non.

— Ben, il est sorti de l'hôpital avec Bija.

— Qu'est-ce que tu racontes?

— Je te dis qu'il a suivi Bija à sa sortie de l'hosto!

— Y fait chier, je lui ai dit de pas jouer à ça.

— Dans neuf mois c'est le mouton, ça sent la danse orientale à plein nez. (Il s'est mis à tortiller des hanches.)

— Mais arrête! On dirait que ça t'arrange.

— Dans neuf mois, *sidi hbibi la la la sidi hbibi*!

— Tu parles, y sera mort avant, t'as vu son frère, à Bija?

— Nacer?

— C'est devenu un psychopathe…

— Y a pas que lui qu'est psychopathe dans la famille.

Je savais qu'il visait Bija qui traînait depuis long-temps une espèce de dépression sourde dont je connaissais la cause. La cause, c'était sa mère cognée jusque dans la rue par son mari et qui passait son temps à l'excuser. En quelque sorte une victime avo-cate de son bourreau, schéma classique, et nous, pris entre deux feux, devions taire le scandale, toujours taire l'inacceptable, ça nous flinguait. Que faire? Le dénoncer et semer la zizanie familiale ou éternelle-ment panser les plaies? Dans la cité, les cas étaient légion et nous avions pris le pli, simplement pris le pli, attendant de pied ferme des jours meilleurs.

— Putain! Mais il est chaud du zboub ou quoi?

— Faut que tu lui parles! a conclu Samir.

J'anticipais des cauchemars envisageables. Deux blessures qui se lient, c'est pas bon signe. S'il était une règle d'or entre nous trois, c'était bien d'éviter à tout prix les collisions de ce genre. Tout reposait sur ce talon d'Achille et je m'étonnais que Bija ait cédé. Elle savait mieux que quiconque ce qu'elle risquait, quant à son souci de nous préserver, je me faisais moins d'illusions. Je repensais à ce mot "confiance" obtenu de haute lutte. Famille par famille, trouver l'argument qui va bien avec chaque mère, la parole d'honneur à chaque père et l'effroi de toutes les secondes ensuite.

J'en riais jaune et me parlais à moi-même :

— Le Madge, terrorisé par un vagin.

Cité maudite, on a fait d'un tout petit trou un précipice. On est là, plombés par un orifice ridicule et les rêves d'en bas en font leur cible principale. J'en ai plein le cul, de ce trou qui nous fait des sueurs froides, trembler de la tête aux pieds et nous empêche de dormir. Ce machin qui nous oblige à maquiller les mots, nous fait prendre des itinéraires bis, éviter les raccourcis et défier la jungle sans machette. Marre des tartes pour un poème d'amour. Pourtant, on nous prépare avant de désigner la chose, on nous dit "Vous les Arabes, faites gaffe, pas là! Visez ailleurs, tapez les Blanches", mais affamés on fonce comme les mouches dans le premier sucre.

Je pesais la frivolité de Momo qui connaissait la règle et nous étions censés ne pas craquer, c'était notre sacrifice à nous trois : fermer nos braguettes ou alors...

Les Françaises, pas les Reubeus!

Re-crise d'identité. J'espérais juste que ce ne soit pas une simple chaleur de dessous les testicules, sinon...

Quel projet pouvait éclore dans cet attelage accidenté?

Ou peut-être était-ce du courage? À deux, abattre le tabou du sexe. Seraient-ils devenus par on ne sait quelle opération du Saint-Espr... de Mahomet... un couple de l'avant-garde prônant la liberté du corps? Non, ils en avaient pas les épaules.

La colère me soufflait des "rentres-y dedans", me poussait à torpiller son foutu projet de théâtre. Le découragement me prenait aux tripes et me dictait l'abandon de tout, de l'aventure collective. Ensemble, ensemble, ce mot c'était de la merde, rien n'était possible ensemble. Ici rien de jouable. À dix ou même à deux.

Dans ma chambre, je sombrais dans des mélancolies bovaryennes et repassais Brassens. Samir, lui, narguait ma tristesse cinoche. D'être en sa compagnie ne me consolait pas à la hauteur du spleen présent. Différemment, je reconnaissais en lui ma névrose identitaire. Tout dans nos vies s'axait sur cette épouvantable maladie.

J'éprouvais le besoin de retrouver mes potes de terminale, tous français, tous pacifistes et à l'occasion baiseurs, porteurs de maladies bien bénignes, genre tout foutre en l'air mais sans casser les tables. Chez eux, le petit trou restait qu'un petit trou, et je vous parle pas des filles qu'ont déjà vu le loup et dont les parents sont peut-être fiers d'être débarrassés de ce qui n'est qu'une péripétie de la vie. Les Valérie, Pascale et Véro, non contentes d'avoir accueilli entre leurs cuisses des canidés sauvages, qui vous proposaient la visite en échange de rien. Juste l'excitation comptable, et on n'était pas même tenus aux prouesses qui font, paraît-il, des septièmes cieux, qui vous adoubent au royaume dit des affranchis ou donnent l'illusion d'être tout simplement un homme.

Et Samir de reprendre son sujet favori :
— La gauche va arriver.
— Quoi ?
— Je te dis que la gauche va arriver au pouvoir ! Les ouvriers, le peuple, la révolution, ça te parle connard ?
— Oui et alors ?
— Tu vas pas passer ta vie à écrire des poèmes à la con ! Tu nous les casses avec tes contes de fées et tes scénarios bidon, faut que t'écrives quelque chose de plus méchant, un truc qui nous concerne, qui a des couilles !
— Des couilles ! Qu'est-ce tu v… ?
— Deux petites choses enfoncées dans ton anus.

Me suis passé la main sur le derrière…

— Ah je vois!

Et on a ri, et il a enchaîné :

— J'sais pas moi, plombe un truc contre les flics, montre qu'ils tuent impunément, qu'ils sont à la solde des anciens d'Algérie, qu'ils fomentent un coup d'État pour chasser les Arabes. Qu'ils ont organisé les débarcadères, à Marseille, à Sète, au Havre, qu'ils se préparent à déménager les Corses vers des îles au large de la Bretagne pour nous y installer. Qu'ils ont fait imprimer des croissants jaunes comme pour les feujs. Imagine qu'ils aient réquisitionné des centaines de bus, du coup des files d'attente interminables sous les abribus… Imagine un Mai 68 des Arabes, toute l'économie bloquée, eh, imagine les Français en train de nous supplier.

"Monsieur Bendaoui, par pitié, videz mes poubelles! Je vous promets de plus jamais vous tutoyer!"

Dans son délire Samir me faisait signe de prendre note, ce que j'ai fait.

"Pardon, pardon, je vous promets de vous dire bonjour tous les matins.

– Ah bô? Si fini li festival di coups de canne, alors?

… Ou encore (et il jouait le Français péteux) :

– Monsieur Chanane, je vous en supplie! Finissez ma maison, je double votre salaire, je vous apporterai le café, je vous servirai de manœuvre, je vous jure de tirer la brouette et de prendre la pelle et la pioche.

Ou encore insistait-il :

– Monsieur Benhamou, reprenez votre place à la chaîne, c'est un embouteillage de « carbus », on peut plus sortir les voitures. Pitié les Arabes, ne nous laissez pas dans la merde, promis plus jamais on vous traitera de bougnoules, de bicots, d'oignons, de gris... On vous ouvrira les portes des boîtes de nuit, prenez nos femmes, nos enfants, à bas Jésus, tiens, le pape on vous le donne. C'est comment déjà le vôtre, de pape?... Mahomet? On prend! Et même le ramadan si vous voulez, on vous accompagne, on aménage les horaires...

La viande? Hallal oui, dès aujourd'hui on embauche tous les bouchers, on envoie à l'instant un décret de loi. Pitié les Arabes, restez, on va la faire, cette société fraternelle, la mixité comme vous dites, oui des enfants partout métis, c'est magnifique, la tour de Babel, tout ça. Restez! Quoi? La double nationalité? Pour nous? D'accord, on deviendra algériens, comme l'a dit de Gaulle de Dunkerque à Tamanrasset. OK."

Il a soufflé deux minutes et est reparti de plus belle :

— Putain j'ai mieux!

J'y ai fait signe de baisser d'un ton, c'est là qu'a surgi une canette Heineken de sous sa ceinture.

— T'es fou?

— T'es intégré, non?

— Pas ma mère.

Ça ne l'a pas empêché de décapsuler et je l'ai laissé dériver dans ses lubies.

— Des excuses...

— Hein?

— Imagine une pièce qui s'appellerait *Nos excuses* et on ferait toutes les excuses des Arabes... genre : "On vous promet de plus vous embêter, pardon de vous exaspérer, de vivre qu'entre nous, de brouiller votre identité, oh pardon de pas être chrétien! (Il a fait un signe de croix.)

Ô peuple de France! Pardon, on sera français pour de vrai, promis on mourra pour la patrie! On mangera des crêpes à Mardi gras, du chocolat à Pâques."

J'ai ajouté :

— Jésus sera planté devant le sapin.

Il a fait *yes!* avant de continuer :

— Français, Françaises, pardon! Pardon de désosser votre siècle millénaire.

J'ai suivi :

— Pardon pour l'empire qu'on a déboîté.

Et se sont succédé :

— Pardon pour le désordre à chaque coin de rue.

— Pardon d'aimer nos mères qui ne seront ni Jeanne ni Marianne, pardon d'avoir aidé nos pères à pleurer tous ces morts qu'étaient vos ennemis.

— Pardon d'avoir deux langues qui ne se parlent pas!

Puis ensemble on a enchaîné :

— Pardon pour la prière étalée dans les rues.

— Pour la schizophrénie qui est la nôtre.

— Pardon de pas avoir été bons en classe!

— D'avoir grossi les troupes du Front national!

— Pardon pour le chômage.

— Et d'avoir fait le plein de toutes les prisons.

— Heu… Oui j'en ai une! Pardon de nous appeler Mohamed!

— Pardon pour le désordre et pour la saleté!

— Pardon de vous avoir obligés à sévir!

— Pardon pour les foulards et la barbe!

— Pardon pour l'ascenseur qu'on a cassé!

— Pardon d'en appeler aux circonstances atténuantes!

— Pardon de ne pas être repartis!

— Heu… Pardon pour les youyous!
— On va s'intégrer à fond!

Puis il a dit :
— Si des Français nous entendent…
— Quels Français?
— Ben, eux!
— Eux?
— Oui eux, pas nous.
Quelque chose m'a troublé, comme un malaise qui
ne disait pas son nom, un je-ne-sais-quoi de gênant.
Est-ce qu'on était si peu français? On parlait des
Français comme les Français parlent des Martiens…
Je me suis dit : "On est si peu d'ici? « Si des Français
nous entendent. »" Qu'est-ce que voulait dire ce "eux"?

On se prétendait français mais on disait "eux".
Marre de ce "eux" et pire, de ce "nous". Et si Thierry,
Bébert, Agnès, Hélène se trouvaient là parmi nous,
est-ce que Samir se serait lâché de la sorte? On aurait
donc sans s'en rendre compte deux façons d'être?
Deux façons de penser, deux lobes autonomes qui
résonneraient en fonction de la présence des Blancs
ou pas? Fatigue!
Mais est-ce qu'on est pas nous des putains de
Français? Est-ce une posture à la con? Moi-même,
combien de fois je l'avais prononcée, cette phrase?
Je me remémorais le nombre de fois où j'avais ri
avec Momo et Samir sur le dos des "Français". Et
l'impression de lâcheté intellectuelle me sautait à
la gueule.
Bref, j'ai fini rincé, Samir plein de résolutions de
gagneur, mais le temps que j'aille lui chercher un peu
d'eau, de croiser ma mère qui bien sûr n'avait pas

fermé l'œil et qui d'un regard m'a ramené sur la rive, j'ai cru bon de revenir à quelques réalités basiques.

— Bon d'accord, mais c'est du taf.

— Et alors, qu'est-ce que t'en as à branler ?

— Le bac, frérot, le bac, si je l'ai pas ma mère me pend par les couilles, ça te parle ça ? Mais j'imagine même pas ne pas l'avoir, j'ai déjà fait l'impasse sur l'espagnol, l'anglais, l'histoire et la géo, je te parle pas des maths.

À l'énumération des matières dont je m'étais dispensées, un gros jet de sueur a jailli de mes tempes…

J'ai pensé, il déconne ce mec, c'est quoi cette démagogie à la con, y croit que je vais sacrifier mon bac pour sa lutte à la con, suivre ses potes de la Ligue et finir dans un squat en train d'imprimer des tracts contre le patronat ?

Je veux faire plaisir à ma mère, c'est un crime ? J'aurai de toute façon rien d'autre à lui offrir… On verra l'année prochaine ce qu'il va en faire, lui, de son bac.

Bon, je me sentais pas d'y jouer la carte du "bac à maman". Il aurait ri, non, pire, il aurait pris ses cliques et ses claques et m'aurait gratifié d'un : "Va te faire enculer, sale bourgeois." Il était pas camusien pour un sou.

— Putain Samir, je dors même plus la nuit, ma mère non plus, elle a que ça à la bouche, le bac, le bac. Si je l'ai pas j'suis mort et mon père, lui, c'est simple, y m'achève, et mes sœurs qui racontent partout que je l'ai déjà. Je passe mon temps à les rassurer, j'en peux plus.

— Hé mais tu crois quoi ? Que le monde va s'arrêter pour savoir si t'auras ton bac ? On s'en branle, de ton bac.

— Tu me rappelles Mounir…

— N'importe quoi.

— Non non, le n'importe quoi, c'est toi, si j'ai pas mon bac je fais quoi ? Tu connais les quatre lettres ANPE ! Je suis pas pressé d'y aller… Abandonne-les, toi, tes études !

— De quoi y me parle, je te dis que la gauche va passer, c'est un peu plus important que ton bac.

— Non non, c'est mon bac qu'est plus important.

— J'y crois pas que t'aies si peu de conscience politique… Le mec c'est un fils de prolo, il passe un bac littéraire, il est reubeu et y me dit quoi la gauche ?… T'es un Martien, frérot.

Ma plaidoirie s'échafaudait par le versant romantique et curieusement tout ça débouchait sur une complémentarité infaillible entre Samir et moi.

Lui s'était bâti un arc idéologique marxiste, une pensée avec des ramifications calquées sur le réel. Moi je sublimais la misère. Ma vision ne prenait pas appui sur une idéologie mais sur des remous émotionnels. J'aimais la beauté de la lutte, Samir préférait lui donner une argumentation cartésienne. Dans mes gesticulations, il approuvait toutefois la dimension artistique, elle pimentait la froideur des dogmes. D'ailleurs, on ne ratait pas un concert de Carte de Séjour à cent kilomètres alentour et le plaisir de ne pas y retrouver de Reubeus, on se sentait (au passage) l'élite. On se gonflait d'être les premiers éclairés. Je vous dis pas quand les Clash ont chanté *Rock the Casbah*, on se disait "Ça y est ! On y est".

Il avait vu Bob Marley et les Clash, moi Renaud, Higelin et Lavilliers, le compte y était. Ils n'avaient pas émoussé les logiques libérales mais regonflaient les cœurs. On trouvait ça suffisant, ils ouvraient les nues et rechargeaient les batteries militantes d'une génération qui se racontait les dernières salades révolutionnaires. Samir disait "du baume au cœur" pour ne pas m'effrayer.

Je lui étais donc utile car je rameutais les troupes dans le quartier en activant l'effet plaisir, et le plaisir c'est ce qui lui avait fait défaut au sein des bataillons gauchistes. Dans l'école radicale, Samir se retrouvait dans des piaules si glauques qu'il débandait, les filles baisaient terne, dans une gratuité militante embarrassante, ça l'éteignait. Les garçons, eux, brûlaient jusqu'à leur amour-propre au nom de la cause et dans ce microcosme des sacrifices, Samir n'était pas pour un tel don de soi. Il n'avait pas encore identifié sa névrose.

Pas prêt à noyer son identité propre dans celle plus étroite du combat prolétaire. La fantaisie lui manquait d'un bord, il la trouvait trop présente chez nous.

Dans ce tremblement des consciences, j'aimais son militantisme dilettante, il kiffait mon imaginaire mesuré.

— Mais d'où tu sors ?

J'adorais ça, qu'il s'étonne de si peu de motivation politique.

— Mais d'où tu sors ?

— Du cul de ta maman.

— C'est pour ça que tu sens mauvais ?

Une énième fois le rire succédait au grave, c'était notre marque de fabrique.

Mais je me giflais d'être si creux, alors je l'écoutais et comme le bon élève que j'ai longtemps été, je prenais note et retenais surtout cette nouvelle.

— La gauche va prendre le pouvoir et c'est bon pour nous.

Je l'écoutais, il s'emportait, je me contentais de retenir les flots d'un délire que je ne détestais pas. C'était beau de le voir macérer dans un cocktail aimablement surréaliste…

— Attends, j'ai mieux, tu écrirais une pièce qui s'appellerait *La Grande Va-crouille II*.

— Hein?

— Oui! Tous les Arabes après le coup d'État de l'extrême droite se seraient concertés et décideraient de leur propre chef de rentrer chez eux. Pas con! Personne y a jamais pensé, on refuserait toute aide de l'État, tu sais comme un coup de fierté, genre "puisque c'est comme ça on part"!

Et tu jouerais le chef de parti, moi je serais le responsable de l'action armée et Momo l'idéologue.

— Les trois Mages?

— Ta gueule.

— Mais ça va faire rire qui? interrogeai-je.

— Parce que tu crois qu'on va faire rire, hé réveille-toi, poète de mes deux, l'objectif c'est qu'ils ne rient plus, l'objectif c'est que demain…

— Demain…

— Que demain je sois présid… maire de Toulouse, qu'on arrête d'habiter la seconde zone. Tu serais maire adjoint chargé de la culture!

— C'est moche.

— C'est moche? Tu préfères te branler sur les seins de tes Gitanes de mes deux, mais t'es complètement givré. J'sais pas si c'est ton bac qui te nique les neurones… mais fais une pause! Tu vois pas ce qui se passe autour de nous, ça bouge! Puis y m'a dit: Arrête d'écouter Brassens, ça te rend français, t'as pas du Marley?

— Non.

Momo cherchait dans les rayons une pièce de théâtre, genre grand classique, et moi je lorgnais mes fiches Lagarde et Michard avec la conviction du gastéropode. On s'était rejoints à la bibliothèque municipale mais, décidément, je n'arrivais pas à me concentrer sur les concepts fumeux de "liberté" et autre sens à donner au "bonheur". Je trépignais d'en savoir plus sur le fin fond de sa liaison avec Bija, et sur ce qu'il en attendait. Je cherchais l'angle d'attaque et enfin :

— T'es amoureux ?

— Qu'est-ce que tu dis ?

— Je te demande si t'es amoureux ?

— De Beckett, oui.

J'ai laissé un silence sans le quitter des yeux.

— Est-ce que tu l'aimes ?

— De quoi tu me parles ?

— Je te parle de Bija, tout le monde t'a vu, t'es même pas discret, tu veux que ça se sache, c'est ça ?

— Mais occupe-toi de ton cul, c'est ta sœur ? Non, bon.

— Qu'est-ce que ça changerait que ce soit ma sœur ?

— Je te vois venir avec tes grands airs de "libéré"… Pas avec moi.

— Je fais le "libéré"?

— Oui tu fais le "libéré", et puisque t'es libéré, tu fais comme un bon Français, tu t'occupes de ton cul. Bija c'est pas tes oignons.

— Tu veux la sauver, c'est ça? T'es d'Artagnan, le d'Artagnan de Bab-el-Oued?

— Va te faire enculer! C'est assez littéraire pour toi?

— Bon... Je croyais qu'on était potes.

Quelqu'un nous a fait "chut!"... et on a réduit le volume.

— Mais qu'est-ce que ça vient foutre! Tu mélanges tout, on est potes mais ça, c'est ma vie privée.

Je fulminais :

— Où t'as vu qu'on avait une vie privée dans la cité? Y a pas de vie privée, s'il arrive quoi que ce soit à cette fille, c'est moi qui vais dérouiller, tu l'entends, ça! Connard! Sa mère me l'a confiée.

— Donc t'as décrété l'interdiction du rapport amoureux?

— Du rapport amoureux, je rêve! Mais tombe amoureux ailleurs, tombe amoureux chez ta mère, pas dans la cité! C'est pas toi qui disais "plutôt me couper les couilles qu'une Reubeu"?

— Et alors oui je l'ai dit, et après! Tu vas me dénoncer à l'imam? Tu vas me marier pour sauver les apparences?

— Te marier? Mais t'as pété les plombs, frère, tu seras mort avant.

— Mais quel crime j'ai commis, bordel!

— On sort pas avec une fille de la bande, c'est tout, t'as pesé les conséquences pour elle?

— On y vient, là, t'es moins libéré...

— Mais c'est quoi "libéré"? Je suis pas plus libéré que toi, je suis prudent.

— Mais c'est elle qui me chauffe depuis deux ans!

— Et alors? Tu vois bien qu'elle est au bord de la dépression!

— Justement, je lui fais du bien.

— Ah ouais, t'es le prince charmant, c'est bien ce que je dis. Tu vas la guérir et ensemble vous allez avoir beaucoup d'enfants et vivre heureux…! Reprends-toi, tu vas tout saccager, et ta vie et la nôtre. C'est une Reubeu, frangin, ne la fracasse pas.

— Mais qu'est-ce que j'ai fait de mal? Elle aime le théâtre, moi aussi, on lit des pièces et on passe un moment sympa… Je t'assure qu'elle va beaucoup mieux. On fait rien de mal.

— Promets-moi de rien lui promettre.

— Lui promettre quoi?

— La lune, Momo, la lune… C'est ce qu'elle cherche…

J'étais mal d'à nouveau revêtir l'habit du moraliste. Sa carte à lui s'apparentait plutôt à du sucre. Jouer la victime lui allait sur mesure. Il adorait ferrailler sur les droits de ceci ou l'éternelle interdiction de cela et dans la joute, il ne m'épargnait pas. Je trouvais ça dégueulasse.

On s'est regardés, un dialogue s'est installé sans gestes et sans paroles. Il semblait tout de même mesurer un peu mieux les conséquences d'une situation pareille. Presque s'être rendu compte d'un piège qui lui était tendu. Il lisait dans mon regard un dépit, un vrai, presque un chagrin de voir ainsi torpillé un projet, une amitié.

— Je te jure, je vais assurer, j'suis pas fou.

En vérité je savais tout. Longtemps reniflé les appels du pied d'une Bija qui ronronnait sur mon épaule les jours de répète, puis sur celle de Samir qui n'y voyait qu'une gesticulation sympathique de frangine. Elle s'essayait au jeu trouble de la séduction, tout en innocence, l'air de rien, pour déclencher la mise à feu tout en se laissant la marge de manœuvre nécessaire au repli.

Puis vint le tour du Momo long à la détente. J'ai pensé qu'il avait été choqué par le visage tuméfié et qu'il n'avait pas résisté au mythe du secouriste des cœurs. J'avais remarqué qu'ils se retrouvaient souvent seuls dans les loges. Je voulais pas y croire, je ne faisais que retarder l'échéance qui m'explosait désormais en pleine poire. Faut dire que c'était la première fois qu'un couple se formait voisin, voisine.

Ici, ça ne traversait pas l'esprit du plus téméraire de s'acoquiner avec celles du trottoir d'en face.

On leur faisait même pas la bise. Quand un garçon d'ici croisait sa voisine, il ne la saluait qu'avec les cils et encore, s'ils étaient hors territoire. Croiser une fille ici vous trempait le calbute. Nous n'embrassions que les "Françaises" et l'habitude faisait le reste. Moi je bisais Hélène et Agnès, le reste d'un commun accord se dessinait d'un geste pudique des doigts.

Cette union au fond ne m'a choqué qu'un temps, Bija et Momo ont senti le soufre très tôt. L'un et l'autre allumettes sensibles soufflaient sur les braises des interdits. Prendre feu, ils n'attendaient que ça. Ils étaient à leur façon deux êtres brimés décidés à en découdre avec leurs propres frustrations. Les brimades, les gifles, les injonctions à plier confortaient plus qu'autre chose leurs penchants destructeurs. Ils s'étaient plus trouvés dans le goût de l'apocalypse que dans un classique sentiment amoureux. D'être deux les apaisait, alors pourquoi pas ?

Pour tout ça, j'avais pas voulu voir, il ne me restait plus qu'à attendre la fin du monde. Autrement dit que Nacer attrape Momo, l'accroche à l'arrière d'un pare-chocs et lentement le pèle jusqu'à la moelle épinière.

François Mitterrand a été élu et la cité s'est mise en mode "pause". Chacun attendait son ordre de mission. Autoroute A7 jusqu'à Marseille, embarquer à bord du *Djazaïr*. Ne seront autorisées que deux valises par personne, interdiction d'embarquer meubles ou appareils électroménagers. Ma mère m'a fait :

— Alors ? Qu'est-ce qu'on fait ?

— Ben j'sais pas, Mitterrand a dit que vous aurez le droit de voter et que vous êtes ici chez vous.

— Te moque pas de moi, imbécile !

Le croirez-vous, elle a éclaté en sanglots et pour des mois a pris la posture de la migrante du sens inversé. Elle ne dormait plus qu'habillée et mon con de père la terrorisait un peu plus en suggérant comme au temps des guerres anciennes la vigilance totale rapport aux attaques nocturnes.

Moi j'essayais de faire une synthèse potable avec les éléments d'intelligence en ma possession, je ne montrais à ma mère ni ma panique qui lui aurait provoqué sûr un arrêt cardiaque, ni l'inquiétude qu'elle m'inoculait à force de "Mitterrand j'ai peur". Ses yeux ne me quittaient plus, guettaient chaque battement de cils, chaque pli de mon front. On se retrouvait suspendus face à face et sur un fil, chacun dérouté qu'autour de nous se mêlent dans un même capharnaüm la délivrance et l'affolement.

Plus mon bac approchait, moins mes muscles me tenaient, j'étais plus qu'une mousse soufflée de la peur d'une matière à la carence d'une autre. La philo notamment m'épouvantait. Au bac, c'était du coefficient sept et mon compteur relevait du six de moyenne à l'année. Fallait que j'y remédie immédiatement, et pour ça ne me restait plus qu'à mettre mon orgueil dans ma poche et implorer Thierry pour qu'il accepte de m'éclairer sur les plus basiques fondements de l'exercice. Une humiliation pour moi, car il surfait lui en section scientifique et moi j'étais supposé être en lettres.

À peine assis, j'ai lu chez cet "adorable enculé" une vraie jouissance de me voir ainsi assujetti à son expertise.

— Ton devoir, y doit se composer de la sorte, trois parties : thèse, antithèse, synthèse, pigé ?

Une fierté méditerranéenne a clos mes lèvres.

— Pigé ?

— Continue…

— Règle première, ne pas répondre à la question posée mais énumérer un certain nombre de postulats plausibles, faire le tour de la question en te référant à des auteurs…

Soudain, l'ampoule a tilté dans ma tête… Bon sang mais oui ! Et dire que j'ai passé l'année à imposer des thèses qui m'étaient personnelles, j'ai dû passer pour… Oh l'immonde prétentieux, l'Arabe de merde, sclérosé d'orgueil. Thierry ne lâchait pas :

— Prends cet énoncé, "Le bonheur est-il une fin en soi ?"

— Le bonheur, j'y crois pas.

— On te demande pas ton avis, t'es buté, bon sang!

Tout s'éclairait enfin, mon arrogance, ma suffisance, tout le merdier des revanchards. C'était pourtant simple, j'avais qu'à m'appuyer sur l'épaule des auteurs étudiés et non sur mon expérience de fils d'immigrés névrosé et le tour eût été joué... À bas les pauvres qui réussissent!

Je me suis senti sur l'instant des envies d'embrasser Thierry. Lui avouer des choses de moi, incongrues, lui dire que derrière la façade du poète tout macérait dans de la mauvaise fierté, de l'orgueil prolétaire, la plus mauvaise des fois. Apaisé, c'est moi qui lui ai dit :

— Allez musique, allons voir les autres.

— Mais y vont nous péter les feuilles.

— M'en fous.

J'ai soulevé la lourde de ferraille pour me tremper dans des décibels en furie, pas de doute c'était du Sex Pistols auquel ils avaient rajouté vingt minutes d'un interminable chorus.

J'ai retrouvé mon autre bande de rockeurs qui fêtait la victoire de la jeunesse, comme disait Paul.

— Salut Magyd! Vive la liberté! qu'il a déclamé, plus sincère qu'un communiste pas fils d'ouvrier.

Tous m'attendaient pleins du plaisir d'une fraternité nouvelle. J'incarnais auprès d'eux un quelque chose qu'allait s'appeler le black-blanc-beur, la France métisse mais toujours éternelle. À peine accomplis les "on a gagné" de circonstance, Paul a impulsé un *Chant des partisans* dont je ne connaissais que le premier quatrain. Je me souviens d'être resté bouche bée. C'était une victoire de la gauche, chez les pauvres on redoutait l'expulsion et chez les riches pétaradaient les petits bouchons de champagne. Sous l'effet des bulles et du houblon, j'ai saisi un micro et me suis lancé sur un *Get up* à la James. C'était leur premier funk, ce fut mon cri de rockeur. Ce jour-là un groupe est né, qui embrassait l'air du temps, ce jour-là j'ai eu la certitude que je ne les quitterais jamais.

Règlement de comptes sur banc de la cité, extérieur jour, deux cons sur la banquette.

Après une nuit généreuse en larsens, je me mangeais les notes aiguës de Samir qui me reprochait mes absences répétées, il m'en voulait d'être pote avec "des bourges". On aurait pu disserter dix-huit heures sur ce concept fumeux…

— Des meubles en bois! Et ça se dit de gauche.

Ma mauvaise foi refit des siennes.

— Mais être de gauche, ça interdit pas les beaux meubles, tous les mecs de gauche vont pas se mettre à rouler en 4L ou fumer des Gauloises pour faire sympa.

— Moi si.

— Quoi "moi si"?

— Si j'avais des thunes j'aurais pas peur de rouler en 4L ou de fumer des goldos.

— C'est toujours ce qu'on dit quand on a pas les sous, et c'est bien ça le problème.

— Quel problème?

— Celui de promettre qu'on changera pas, moi je dis qu'au contraire faudrait avertir les gens qu'en cas de fortune on leur marchera sur la gueule et que d'avance on fait des excuses! Ça, ça me paraît plus honnête.

— Non! Moi je serais pour qu'on fasse signer une promesse.

— Une promesse de quoi? Je vous promets de faire le pauvre même si je suis riche!

— Non, un vrai contrat avec surveillance à la clé des mouvements d'argent.

— Une espèce de contrôle fiscal permanent?

— Oui mais en plus cool.

— Ah quand même…

Seul Mounir pouvait interrompre le passionnant débat, il a fait rouler sa BMW jusqu'à nous. De but en blanc il a ouvert la vitre et a fait:

— Hé, Samir… Bob Marley, il est mort!

Oh douleur inguérissable, c'est avec Marley que Samir rêvait de bouleverser le monde, à lui la planète à nous les quartiers nord, une mare d'existences défaites! Nous voulions du plus bas accéder aux marches supérieures qui font l'être digne de sa présence sur terre… et la fille accessible… Mais zob!

Sans Bob, c'eût été difficile. Si je consommais moi de la baffe à revendre, Samir comme un étranger suffoquait d'autant d'état primaire dans le quartier, Marley le consolait. Samir était l'enfant chétif de ses vieux, il était fils unique et, fait rare, n'avait pas reçu la moindre giflette de sa mère. Très vite elle enroula de *love* ce roi frêle. Quand elle apprit qu'elle n'aurait pas d'autres enfants, elle le momifia un peu plus, si bien qu'il nous avait fallu des années pour apprendre son existence. Il avait grandi ignorant jusqu'à sa propre langue natale. À la maison, on lui parlait français entre deux barres chocolatées, des mamours, et la peur de le voir attraper ne fût-ce qu'une grippe.

Dans la cité, il avait poussé ainsi, décalé, solitaire et français sans le savoir. Il ne pouvait qu'être des miens. Puis à l'adolescence, il s'en était allé un temps rêvant de masses romantiques et révolutionnaires. Inévitablement, ils l'avaient usé de "luttes de classes" et comme moi il n'avait pas particulièrement remarqué cette soi-disant solidarité ouvrière envers son père. Nous n'avions retenu que l'humiliation des collègues de travail de nos darons qui ruminaient à la maison l'envie de découper à coups de hache tel ou tel Italien ou autre Portugais beuglant des "sales Arabes" à tout bout de champ. Et ce qu'il s'entendait dire par les militants bienveillants, Samir, c'était : "Le racisme, c'est pas une lutte prioritaire."

Depuis un certain temps il s'était replié dans le quartier pour sentir le souffle d'une révolte plus fraternelle. Un bouillonnement qui lui parlerait aux tripes, et quand je lui ai évoqué mon envie d'une asso qui poserait comme postulat la question de l'identité, l'évidence s'est imposée à lui.

Dans le même temps, la France commençait à gronder de Reubeus en colère et la banlieue frissonnait d'en découdre avec les "Gaulois". Chaque jour ou presque on annonçait la mort d'un petit "Hafid" ici et d'un "Mohamed" là. On était encore bien loin de la marche des Beurs, mais déjà des slogans voyaient le jour, chaque fois un peu plus belliqueux. "Rengainez, la chasse est fermée", "À bas le racisme", "Arabe égale gibier" ou "Donnez-nous la Corse".

Une conscience éclatait au grand jour et Momo, Samir et moi on se sentait des fièvres vivifiantes, on sentait qu'on était pas qu'un trio de "tarlouzes" mais humblement des avant-gardistes d'un métissage imminent. Fallait qu'on bouge. Qu'on bouge dans le désordre de nos identités.

Et personne n'y comprenait rien. Dans les familles on détestait encore Mitterrand. Il se racontait toujours qu'avec lui on pouvait préparer les valises. Déjà, l'autre chauve Giscard essayait de nous fourguer dix mille balles pour qu'on débarrasse le plancher, à qui se fier?

Le pauvre Samir décochait :

— Putains d'Arabes, ils mélangent tout.

En attendant, de partout surgissaient comme des rats échappés des égouts de jeunes banlieusards épris de danse, de hip-hop, de mode, de poésie. Tous les arts étaient travestis à la mode multicolore. La gauche allait bientôt se gargariser du mot "beur". Elle entamait le travestissement de notre identité et d'une revendication qui était la nôtre et qui jamais ne verrait le jour : l'égalité des droits.

Quand Momo nous a rejoints, la BM de Mounir venait de disparaître du Marley plein les baffles. Il a trouvé Samir endeuillé et moi parti vers des contrées plus musicales… heu, bruyantes. Il a pas eu le temps d'annoncer la mort de Bobby, nos yeux tristes ayant pris la relève de mots désormais inutiles.

Sur notre banc, on a laissé reposer les mille promesses d'une pièce de théâtre, d'un festival qui accueillerait au sein de la cité le gratin du rock toulousain, qui sait, peut-être une vedette du show-biz.

On s'imaginait porte-paroles de la jeunesse abandonnée, de tous les lascars issus des quartiers défavorisés. On se voyait partout, qui sur une estrade à battre le rappel, qui sur scène à montrer la vigueur des comédiens de la rue et moi publier le chef-d'œuvre, la saga de l'immigration.

— À demain les pédés.

À peine j'avais fait dix pas que Momo, lucide, m'a lancé :

— Bon, on est pas morts ! Cette pièce ?

— Quelle pièce ?

— Le grand machin que tu dois écrire et qui va changer le monde.

— Ah d'accord, commence par préparer ton concours d'entrée, chacun son taf.

J'ai marché dans la mélancolie de ceux qui ont égaré un objet fétiche et soudain de peur de perdre un quelque chose de mon passé j'ai regardé ma rue comme je ne l'avais jamais fait avant. Je fixais chaque coin de trottoir, des boîtes aux lettres et leurs noms zigouillés par l'administration post-coloniale, remarquais que trois frères du même nom ne s'écrivaient pas avec la même orthographe et personne pour s'émouvoir. On pouvait lire sur une première boîte Sénaoui, sur l'autre Sinaoui et la dernière Senhaoui. Je repérais des chaises auxquelles je ne prêtais plus attention. Des chaises marquées par leur proprio qui ne les lâchait pas d'un œil. Il tournait autour comme un mac de Belleville, s'assurant du bon positionnement et parfois d'un revers de manche époussetant par-ci et soufflant par-là.

Tous bichonnaient leur chose qui se vautrait à quatre pattes et gare au fils de pute qui oserait s'asseoir. Affranchis de la mise en garde depuis la naissance, nous on n'y posait pas nos culs d'ailleurs, j'ai esquissé un demi-sourire en regardant assis par terre une grappe d'enfants autour d'un fauteuil vide, peut-être l'impression que décidément cette rue n'allait jamais changer.

Lagarde et Michard en main, je révisais mon bac au beau milieu de la cité. Un peu pour montrer que j'accédais à la finale, un peu par incapacité à m'isoler du bruit et de la fureur de ma rue. À mes côtés sur notre banc préféré, Momo et Samir tiraient discrètement sur une herbe pyrénéenne.

— Allez fume, m'a dit Momo, on fait la paix, entamant un début d'hilarité. Il se sentait soulagé à propos de Bija, moi je redoutais la rupture entre nous. On s'agrippait.

— Non, je révise les mecs, lâchez-moi la grappe.

Nous étions à la mi-mai, je crois me souvenir d'un cagnard qui nous faisait plisser les yeux (à moins que ce ne fût…). Bref, ça ne nous empêchait pas de nous adonner à notre sport favori, le jeu de la "note" qui consistait à attribuer aux passants… heu, aux passantes, une note selon des critères non exhaustifs sinon tout à fait personnels. Une jeune maman justement passait au loin. Momo a ouvert les hostilités, Samir l'a secondé.

— Oh la vilaine, elle s'est maquillée avec une éponge.

— Je dis faute, je dis abus…

— Abus de couleurs certainement, ça va chercher dans les trois ans…

— Trois ans dont six mois ferme, c'est une agression caractérisée pour les yeux, ça…

— C'est vrai.

Ils se frottaient les yeux, simulant une douleur intolérable.

— Condamnons les couleurs!

— Un an ferme à chacune…

— Comptons les couleurs, une, deux, trois, quatre, cinq…

— Six, sept, huit couleurs! C'est trop, je propose…

— Soyons de gauche, a fait Samir, plutôt qu'une condamnation, un stage.

— Un stage?

— Oui, un stage de réappropriation de l'harmonie des couleurs.

— OK, cher collègue, quelle note pour cette faute caractérisée?

— Je lui mets deux.

— Allez, deux sur vingt, suivante.

— Oh qui vois-je arriver? La belle Samia.

Je levai les yeux et feignis l'indifférence.

— Je propose sans chicane un seize. Tout est là, les proportions, le maintien… la promesse!

— Vous ne voulez pas, cher maître, que nous allions plus avant?

— Vous voulez dire?

— Son frère, c'est bien notre cher Mounir?

— Oui.

— Qu'a écopé d'une trentaine de zéros, déjà?

— Tout à fait.

— Cela n'a-t-il aucune incidence sur la donzelle?

— Mais si, bien sûr.

— Considérant que c'est un connard hors norme.

— Oui.

— Avec un QI de batracien.

— Tout à fait.

— Le comportement d'un mammifère de l'hémisphère sud de la famille des macropodidés.

— Oh oh!

— Cela réduit la note à douze sur vingt.

— Je dirais dix, le pedigree du bougre anéantit de manière significative les atouts ici présents!

— Va pour un dix.

Je n'ai pas pu retenir un rire franc qui a entraîné mes compères à d'autres éclats et a attiré l'attention sur nous. Les notes ont continué, comme à la distribution des prix, l'ennui n'y était pas pour rien. Samir et Momo, sûrs d'un passage en terminale, n'allaient plus en cours et moi j'allais être avec l'appui de la chance, d'un dieu musulman et de quelques amulettes berbères le premier bachelier de la cité. Samia, postulante aux épousailles bachelières, est très vite revenue me hanter.

La belle Samia, brune, féroce, terriblement sensuelle, que j'avais accrochée un temps, le temps des poèmes et des proses dont elle était la destinataire quotidienne. J'avais passé des heures à noircir de pleines pages d'aventures et de voyages extraordinaires que nous allions vivre ensemble. Elle aimait les mots plus que tout et m'aimait pour ça plus que pour moi-même. Elle était élancée, belle, parfaite, j'étais pâle et dégoulinant. Elle lisait et me soufflait à l'oreille entre deux portes battantes : "C'est magnifique."

Et le soir, je m'endormais enveloppé de sa voix, rassuré d'être aimé jusqu'à la fin de mes jours. À l'époque de mes quinze ans j'avais cherché une garantie définitive, je réclamais juste un temps d'adaptation, une espèce de sas temporel, deux trois années de parenthèse pour huiler mes articulations entre quelques cuisses judéo-chrétiennes. Sursis qu'elle me refusait.

C'était y a trois ans encore, c'était y a longtemps. Elle était belle et devenait cosmique. Seul hic, c'était la sœur de mon pire ennemi, Mounir. J'étais maudit mais remerciais le ciel de cette articulation à la *Roméo et Juliette*.

La première fois, c'était en sixième quand des faces de derrière m'étaient tombées dessus, me reprochant de provoquer les allées et venues au collège de ma mère qui dans son sillage distribuait des paires de claques à la volée à tout enfant qu'elle reconnaissait et dont le comportement la hérissait. Et pan! On est à l'école, ici! On est pas chez ta mère. Et pan! Mal élevé! Et pan! C'est des chiens qui vous ont élevés, pas des êtres humains.

Ce qu'elle ne savait pas, c'est que chaque coup provoquait de féroces retours à l'envoyeur. Ce jour-là j'en comptais trois qui me giflaient la figure, et une fille s'est jetée dans la mêlée, arrachant d'une main les cheveux d'une tempe, de l'autre un bout d'oreille. C'était elle, Samia, féroce, homme et louve protectrice. Après l'échauffourée, elle ne m'a pas consolé, ne m'a pas dit "Ça va?", à peine un sourire de connivence, pas plus. Moi je lui promettais déjà la bague au doigt. Cette fille cognait les mecs de mon âge. Elle n'était en rien baraquée à la chauffeur poids lourd, c'était une tige frêle mais chargée d'électricité. La beauté et la colère en fusion. C'était elle, ma femme.

Ouho! Ouho!

C'était le cri de Tarzan, notre signal. Momo venait me chercher pour les répétitions du soir. Si Samir se désolait qu'on soit pas plus motivés pour la création d'un mouvement qu'il appelait "beur", Momo, lui, crevait d'être reconnu comme un acteur à part entière. Mais plus qu'une vocation, il essayait surtout d'échapper lui aussi à sa condition d'aliéné. Il se trouvait trop arabe ou trop marqué d'Orient et pensait qu'en jouant des personnages de Blancs il se dégagerait en quelque sorte d'une prison intérieure. Il m'avait demandé de le mettre en scène pour une audition qu'il préparait dans le but d'intégrer le conservatoire de théâtre. Moi je n'y connaissais rien à la mise en scène, mais mon point de vue donnait une distance qui l'aidait à mettre en perspective sa propre mise en scène. En réalité, il était son propre juge. M'avoir là dans la fosse lui permettrait juste de s'offrir un public à bon compte, et comme j'étais la plupart du temps accompagné de Samir, quand c'était pas toute la troupe des filles, il s'en léchait les babines par avance. Si bien qu'on ne savait plus si l'acteur était celui qui jouait ou celui qui mettait en scène. Momo possédait un bagou hors norme et pour quelques mimiques parfaitement exécutées, s'était pris au jeu de l'oiseau rare, il se croyait acteur, l'acteur de demain. Comme il disait, celui que la banlieue misérable attendait. Le Guitry des cités. Moi j'étais prêt à le croire, d'abord il jouait bien, et puis j'étais jamais allé au théâtre, j'avais jamais vu d'acteur, et il m'impressionnait avec cette façon d'incarner tel ou tel personnage public. Momo s'était convaincu d'être, pour le théâtre, "le jeune issu de l'immigration", le renouveau. Il pensait même qu'on l'attendait, que les parias étaient dans cette attente d'un héros à leur image. Il disait :

— Tu vas voir ce qu'on va voir, les salles de théâtre vont se remplir d'Arabes, les Français vont rien comprendre.

En l'écoutant, je me rendais compte que moi-même j'étais atteint du même syndrome, qu'au fond de moi je salivais d'être l'auteur des quartiers nord, le Hugo de la banlieue, la plume du béton et des cages d'escalier, le scribe d'en bas, avec un doute toutefois car j'aimais Flaubert et Zola, et dans ma cité prononcer leur nom c'était surtout se faire pocher l'œil ou casser une dent.

Depuis quelques semaines, Momo s'était donc mis en tête de préparer l'entrée au conservatoire de Toulouse, je me souviens que Samir l'avait approuvé et lui avait aussitôt conseillé de choisir *Antigone* (pièce politique, qu'il disait) d'Anouilh qui symbolisait la révolte des opprimés.

— Cette femme c'est un symbole de révolte, c'est nous, tu comprends, puis ça fera plaisir à Hélène, toi tu joueras le rôle de l'oppresseur, tu seras Créon et on choisira celle qui te donnera la réplique.

Momo avait tout de suite trouvé l'idée géniale d'autant qu'il avait déjà choisi sa partenaire. La pièce lui convenait : comment parler des Arabes sans qu'il n'y paraisse ? *Antigone* incarnait parfaitement la thématique.

— Et puis ça va plaire au jury blanc, qu'un Arabe s'attaque à un classique, disait Samir.

— Ça va faire intégré, alors que si t'interprètes Mahmoud Darwich, ça va sonner colère et pour peu qu'il y ait des juifs dans la salle, c'est mort.

Moi j'acquiesçais d'une demi-moue, je trouvais tout ça bien machiavélique, ça sentait un peu trop la lèche et le calcul, et quand j'avais dit : "Faudrait un poil plus de spontanéité", Momo s'était raidi.

— C'est ma peau qu'on joue, on fera les téméraires quand je serai reçu. Tout' façon, la France bouge, c'est pas que du calcul, elle a envie d'assumer sa part métisse. Et soudain, emporté comme s'il y était : Cette fois je vais pas la rater, l'occase, finis les Dewaere, les Depardieu, les Arditi, au placard les nazes. Puis il avait singé Bruce Lee : Ouatah ! à grands coups de soulier dans la bouche. Le nouveau théâtre français est là ! Il est là devant vos gueules, mélange de Raimu et de Mastroianni, le Gassman de Tunis qu'on va m'appeler, je vais tout fracasser, ô rage ô casting ennemi, finie la poisse et place à bibi… En attendant faut becqueter l'"Anouilh".

Et on avait ri.

— Arrête avec tes cris de Tarzan, j'ai dit à Momo, maman croit que t'es mongolo.

Ma mère, en me voyant quitter mes cahiers pour le rejoindre, m'a fait :

— Où tu vas avec cette pintade ?

Elle l'aimait pas parce qu'il m'entraînait, disait-elle, à faire des grimaces.

— Lui, il va pas être ingénieur!

Elle a fait apparaître un bout de sa figure dans l'entrebâillement de la porte et a dit :

— Il prépare son bac, lui.

J'ai glissé sous son aisselle et j'ai maugréé :

— Bon, ça va, on le saura que je révise le bac.

— Ta mère! m'a fait Momo toutes dents ramassées.

— Oui je sais.

— Je peux plus la saquer, mais pour qui elle se prend?

C'est qu'il en fallait du courage pour venir me chercher jusque sur le palier, parce que le premier qui s'approchait de la maison était comme un Arabe devant le commissariat : suspect. C'était quelque chose que de s'approcher de chez les Cherfi. Dans la cité, une rumeur : les Cherfi, on peut pas les dicave! (Traduction : On peut pas les voir en peinture.)

Maman vous attrape par le col et vous refait un CV en bonne et due forme. Depuis tout petit, maman Cherfi exige la moyenne pour chaque matière et demande si vous allez chez sœur Annie pour les cours de rattrapage. Si vous n'allez pas chez sœur Annie, c'est que vos parents ne croient pas vraiment en Allah qui exige sérieux et humilité. Maman vous dénonce à l'école comme sous Vichy (ben quoi? On est français!), elle est pour une race pure, celle des érudits (ben oui on est aussi allemands).

Épreuve : Pour aller à la salle de théâtre, nous fallait traverser la rue Raphaël et la traverser c'était faire face à tous les ennemis de la terre. Un leitmotiv, un seul : "Salut les pédés."

Cette fois c'était le petit Driss, cheveu à la Jackson Brothers qui tapait sur un ballon. Nous avions le plus souvent l'habitude de mépriser comme on lâche un pet discret dans le nez de quelqu'un d'hostile. Mais là Momo, positionné à thermostat neuf par ma mère, est tombé sur sa proie en la fixant droit dans les yeux et s'est pris pour Créon :

— "Mais, bon Dieu! Essaie de comprendre une minute, toi aussi, petite idiote! J'ai bien essayé de te comprendre, moi! Il faut pourtant qu'il y en ait qui disent oui. Il faut pourtant qu'il y en ait qui mènent la barque. Cela prend l'eau de toutes parts, c'est plein de crimes, de bêtise, de misère... Et le gouvernail est là qui ballotte."

Puis il s'est approché d'un groupe d'ados nommés Ahmed, Mohamed et Abdallah, aux regards pleins d'un élément visiblement gazeux...

"... Crois-tu, alors, qu'on a le temps de faire le raffiné, de savoir s'il faut dire « oui » ou « non », de se demander s'il ne faudra pas payer trop cher un jour et si on pourra encore être un homme après?"

Cette rue Raphaël s'était faite quelques secondes scène immense, improvisée, intelligente, poétesse et courageuse. Un homme venait de l'embellir. J'ai songé un instant : des Arabes assistent à une scène d'*Antigone*, la solution est là, faut pas attendre de la grande famille des banlieues qu'elle vienne au théâtre, c'est lui qui doit se déplacer et la percuter, jusqu'au pied du lit s'il le faut.

Malgré tout un "va niquer ta mère!" a mis fin à l'envolée rafraîchissante, un "va niquer ta mère" pour une fois tranquille et presque vaincu, qui nous a ramenés à bon port. Momo, redescendu sur la terre des hommes, m'a dit :

— C'est des "bravos" qu'on entendra un jour, tous ces enculés ils viendront me lécher le cul pour un autographe, j'ai du talent, *hamdullah*!

Moi j'ai pensé : hamdollar. Lui, il ressassait :

— Je les entends déjà : "*Oueullah* tu l'as mérité, *oueullah* ça fait plaisir, un Reubeu en haut de l'affiche."

Et me suis dit, moi : C'est ça ta satisfaction? Te faire lécher le cul? Mais je comprenais sa frustration qui était aussi la mienne. Toute la vie traverser une rue où même les pneus salivent de vous rouler dessus. Toute la vie se faire éclabousser de "pédés". À chaque passage être la risée de tous et certainement depuis le CP, depuis les notes, depuis l'apparition des sanctions et des récompenses. Depuis les premières félicitations sans doute, les premiers bulletins que nos parents promenaient d'une famille à l'autre comme un trophée qui voyait les copains se faire assommer à coups de boucle de ceinturon.

Arrivés au local, on a trouvé Bija sur scène, armée d'un balai. Elle semblait avoir repris du poil de la bête, je l'ai sentie féroce et décidée. Évidemment, c'est elle que Momo avait choisie comme partenaire. J'avais trouvé ça bizarre qu'il ne nous ait pas demandé notre avis, ça sentait le coup de force…

— Je la sens bien, elle a fait de gros progrès… Je te jure que ça vaut le coup, tu regretteras pas.

Qu'est-ce que je n'allais pas regretter? Qu'elle devienne une actrice du "théâtre français"? Son épouse? Les deux à la fois? D'ailleurs que devais-je attendre? Sur scène, elle n'avait jamais fait preuve d'un jeu particulièrement inventif, sa fougue ne suffisait pas. Quant à leur union, qu'allaient-ils inventer qui nous épargnât des mâchoires cassées ?

Hélène, la simple présence d'une fille sur scène l'avait aveuglée. Elle attendait d'en savoir davantage, comme à son habitude, avant de juger. Agnès, elle, aimait beaucoup Bija qui respirait l'envie d'aventures lointaines et bien que toujours tenue en laisse par des parents d'une sévérité rare ne s'interdisait aucune folie. C'est vrai qu'on aimait ces "courageuses" qui affrontaient la fratrie pour nous suivre. Sans qu'il n'y paraisse, Bija fomentait des plans d'incendie de famille. Elle cachait son jeu et moi je ne la prenais pas pour une pimprenelle volante. Mais Bija amoureuse, ça m'échappait. Je sentais qu'elle utilisait Momo comme un futur avocat de sa légitimité à jouer.

On l'a donc trouvée qui balayait la scène, ça m'a pris aux tripes comme si on jetait le cadavre de ma mère à mes pieds et qu'on m'ait dit : "Elle n'y est pas arrivée."

La culpabilité me tordait les boyaux. J'avais trop entendu ma mère dénoncer le mauvais sort. Combien de fois dire : "Quand on sait pas lire, on balaie."

Bija ressemblait à ça, à ma mère, quelques pansements en plus. On aurait dit une vieille condamnée dans le corps d'une adolescente. Elle négociait contre une part de lumière un peu d'humiliation domestique, des abaissements dont je me sentais coupable, que je cautionnais et qui me renvoyaient l'image de ce que je fuyais le plus, l'oppression faite aux femmes comme si j'en étais une. J'ai aimé cette image rare de moi.

À la maison, j'interdisais à mes sœurs de prendre le balai. Le balai, je le passais moi-même, j'avais peur qu'elles s'accrochent à des réflexes de boniches, alors on finissait par un partage des tâches ménagères, un truc même pas équitable, mais elles se sentaient épaulées. Maman ne tenait pas non plus à une bascule intégrale, OK pour une solidarité de circonstance, mais les femmes se devaient un minimum, et nous d'être des hommes.

Et puis j'aimais pas les filles qui croient séduire en poussant la serpillière, pas ici, pas dans "mon" théâtre, j'ai eu envie de fuir, de gueuler des impératifs "pose-moi ça!", mais je me suis ravisé :

— Bija, qui t'a demandé de passer le balai ?

— Personne.

— T'es pas la boniche ici, lâche-moi ça.

Elle s'est exécutée et je l'ai sentie atteinte dans son amour-propre.

— Fous-lui la paix, m'a fait Momo.

Il m'a pris le bras et m'a entraîné vers les loges :

— Tu joues quoi, là, l'émancipateur de ces dames ? Tu me fais passer pour qui ? On a déjà parlé de tout ça, je t'ai demandé de me faire confiance, alors t'arrêtes avec ça ! Fais-moi confiance !

— Non mais ça m'énerve, j'aime pas ce réflexe qu'elles ont de toujours faire le ménage.

— Hé mais c'est pas des Françaises ! Tu veux quoi, qu'elles rentrent chez elles et qu'elles disent : "Finie la vaisselle ! J'suis pas une boniche !" ?

— Non mais ce serait bien qu'ici elles ne la fassent pas, qu'on leur montre qu'on attend autre chose d'elles.

— C'est ce qu'on fait, on les met en scène.

— Et à la fin elles rentrent chez elles.

— Ben oui elles rentrent chez elles, tu veux quoi?
Qu'elles fuguent, qu'elles montent à Paris tenter le
conservatoire?

— Tu le tentes bien, toi?

— Moi si je tente le conservatoire je fous pas la
zone.

— Eh oui c'est vrai, t'es un mec.

— Oui j'suis un mec, et alors, je vais pas me couper les couilles au nom de l'égalité homme-femme,
coupe-toi-les, toi!

— Mais moi je fais gaffe, les choses doivent bouger en douceur.

— Moi aussi je fais gaffe, mais tu crois quoi? Que
tu vas les changer? Qu'elles vont s'émanciper sur une
pièce de Molière?

— Pas du tout, je te parle d'autre chose, de vous
deux.

— Encore? Qu'est-ce qu'on a fait de mal, dis-moi?
On est là, on passe du bon temps mais on va pas
changer deux mille ans de tradition, si on bouge un
tout petit peu les lignes ce sera bien. C'est toute mon
ambition à moi, qu'est-ce que j'ai fait de si terrible?

— Tu sors avec elle! Tu sors avec elle!!

Bija, qui derrière le rideau rouge écoutait notre
conversation, devait fulminer qu'encore une fois on
parle pour elle, qu'à nouveau un tiers s'exprime à sa
place. Plus simplement que ce soit encore un homme
qui vienne à la rescousse. Elle aurait aimé s'interpo-
ser et dire marre qu'on me sauve, et encore plus
marre qu'on me noie. Qu'elle en avait jusque-là de
ces deux impasses que sont le quartier et tous les
Arabes vivant sur la surface de la terre et finalement
que les Français valaient pas mieux.

Moi, trop excédé, je moulinais…

— C'est une histoire de ligne, elles sont où tes lignes?

— Elles sont où? J'suis solidaire avec elles, point! Mais y a un temps pour le discours, un autre faut être lucide.

— Lucide? Mais tu sors avec elle!

— Et alors? Tu te rends compte de ce que tu nous demandes? Y a un moment où c'est tout simplement des filles et nous des garçons!

— Donc t'as choisi Bija pour te dépanner, ensuite elle rentre chez elle faire sa vaisselle et toi tu traces…

— Et alors? Oui! Elle va faire sa vaisselle, c'est pas la fin du monde. On peut recoudre un pantalon et faire du théâtre ou autre chose.

— J'ai compris ton deal, son rôle contre des coups de serpillière.

— Pas du tout, c'est elle qui s'est proposée de tout cleaner.

— Bien sûr.

— Allez, fais pas ton Français, on le sait que tu fais la vaisselle à la maison, que tu repasses ton linge, que t'es l'homme parfait…

On a laissé traîner un silence. Les filles sont arrivées au compte-goutte et on a feint une lecture devenue pénible.

Bija avait saisi la teneur de l'échange et s'est cachée définitivement, vraisemblablement écartelée, se mordant peut-être les lèvres d'avoir à dire sa vérité. Une vérité qui n'aurait fait les affaires d'aucun d'entre nous. D'ultimes pudeurs la retenaient encore, comme les derniers fils encore accrochés à sa joue.

Elle nous aurait fait part de son envie d'ignorer désormais les conséquences de ses actes, elle en était là.

À dix-sept ans, l'envie de bifurquer, de casser un itinéraire tout tracé, d'en finir avec sa peur d'Arabe lui mangeait la tripe et comme pour exorciser le tout elle avalait des tranches de jambon d'York en cachette, qu'elle vomissait l'instant d'après.

Momo s'est repris, plus posé cette fois :

— J'en ai marre qu'on me fasse la morale chaque fois qu'une fille fait une tâche ménagère à ma place ou, pire, que je me jette pas sur un balai avant qu'il se retrouve dans les mains d'une autre… Si être solidaire c'est devenir femme de ménage, faut le dire…

J'ai pas insisté, je sentais le bord de la rupture. La susceptibilité étant de cette monnaie qu'on dit courante, je l'ai laissé un temps mariner dans sa morve, j'ai pas voulu m'excuser ni l'excéder davantage, après tout il ne tenait qu'à lui de se battre pour être reçu au conservatoire, avec ou sans Bija.

Les filles ont fait les filles et Hakima en tête, faussement naïve, s'est sentie de dire :

— C'est Bija que vous avez choisie ?

— Hein ? Heu… Oui.

Puis au tour de Fouzia :

— Tu m'étonnes… Moi la prochaine fois je veux bien qu'on me frappe si ça donne droit au premier rôle.

Et enfin ma petite sœur :

— Tu nous as rien dit ?

J'ai pas eu le temps d'ouvrir la bouche que Momo m'a écarté du bras.

— Je vous ai rien dit parce que c'est juste le temps d'un concours, vous vouliez qu'on l'aide alors je l'aide. De toute façon, avec vous, on a jamais la bonne attitude, si on vous offre un rôle important vous dites

160

que vous n'aurez pas le temps, si on vous écarte on est des égoïstes…

M'a semblé à ce moment-là qu'il était bon d'apaiser les tensions :

— Y a deux scènes à apprendre, on va quand même pas faire un casting chaque fois qu'un rôle est attribué… Et puis on demande pas que ce soit bien joué, le jury ne jugera que Momo, elle est même pas obligée d'apprendre son texte par cœur… C'est pas croyable ! On dirait des poules qui caquettent. Dès qu'on en choisit une les autres pissent leur bile. Mais j'ai compris ! La prochaine fois que j'écris, je crée un rôle pour tout le monde et chaque fois qu'on jouera un truc je veux voir tout le monde sur scène ! Mieux : j'écrirai des rôles équivalents, chacune aura le même nombre de syllabes que les autres, ça va comme ça ?

— Du communisme quoi, moi ça me va.

— Tu m'étonnes.

Hélène et Agnès, qui dodelinaient comme des chiens de voiture, ont montré des airs qui en disaient long sur leur dépit.

Première salve d'Hélène :

— Vous faites vos petites manigances comme des mômes qui viennent de casser la vitre du voisin et quand on vous prend en flag, vous vous justifiez en expliquant qu'il est raciste.

Je les ai fixées avec des yeux mous de lassitude, fatigué des croche-pattes, des petits cailloux qui se glissent sous la chaussette. Las d'en être à bricoler un bolide avec des outils de fortune. Je pensais à Daudet, à Pagnol, à Zola, Flaubert, Hugo, à d'autres sans doute. Avaient-ils eux aussi dans leur moment d'inspiration une smala qui venait tambouriner à toute heure et de manière impromptue ? Une sœur pour jouer à la corde, une mère pour les assommer de "fais tes devoirs"… Bref, est-ce qu'on leur cassait les noix tous les jours que… heu… machin fait?

S'étaient-ils isolés, retirés du monde, séparés des vivants inutiles? De ces proches qui ne sont là que pour parasiter la moindre de vos inspirations?

J'ai fini par demander le silence dans la salle et c'est presque si j'ai pas collecté un "et puis quoi encore?".

Le découragement était là, je soufflais fort et tentais, contrairement à ce que croyait Momo, de faire la part des choses.

Je me remémorais nos années d'ados qui nous avaient vus tous les deux privés de foot et de jeux avec les copains, interdits de bon temps et d'aventures de cape et d'épée, sauf que moi j'avais trouvé un véhicule qui m'emmenait beaucoup plus loin que le terrain de foot : l'écriture. Lui s'ennuyait et rongeait son frein avec des envies de vengeance quand je rêvais d'en découdre avec les mots. Des mots qu'il n'avait pas. Il n'avait que l'élasticité de son corps pour s'exprimer, un corps allumé par une âme rancunière. Méchante mixture.

Il se voyait étrangler son père et jeter sa mère par-dessus le pont Saint-Pierre, leur reprochait d'être sombres et obscurs. Inutiles et néfastes à son ascension quand je tentais "un deal" plus équilibré avec les miens. Il gardait une amertume sèche, genre de chose irrattrapable qui le rendait amer. Il vivait la sensation cachée d'un "trop tard" genre sans enfance, le reste n'est que regret.

Il n'avait pas dix-huit ans, la rancœur l'avait recouvert entièrement et forçait sa nature à faussement positiver.

Seule l'idée du théâtre atténuait un peu sa haine, toujours diffuse et permanente. Jouer, c'était son combat de rue, sa façon à lui de péter des mâchoires.

Tout à coup la lumière s'est éteinte, est juste resté un halo pointé vers la scène. Momo devenu Créon a transpercé le brouhaha de la fosse, suivi de près par une Bija habitée d'Antigone. Ils ont déboulé comme un sirocco du désert au milieu du plateau… se sont fait face… et Momo le premier a soufflé des naseaux.

CRÉON

Écoute-moi.

ANTIGONE

Si je veux, moi, je peux ne pas vous écouter. Vous avez dit "oui". Je n'ai plus rien à apprendre de vous. Pas vous, vous êtes là à boire mes paroles. Et si vous n'appelez pas vos gardes, c'est pour m'écouter jusqu'au bout.

CRÉON

Tu m'amuses.

ANTIGONE

Non, je vous fais peur. C'est pour cela que vous essayez de me sauver. Ce serait tout de même plus commode de garder une petite Antigone vivante et muette dans ce palais. Vous êtes trop sensible pour faire un bon tyran, voilà tout. Mais vous allez tout de même me faire mourir tout à l'heure, vous le savez, et c'est pour cela que vous avez peur. C'est laid un homme qui a peur.

CRÉON

Eh bien, oui, j'ai peur d'être obligé de te faire tuer si tu t'obstines. Et je ne le voudrais pas.

ANTIGONE

Moi je ne suis pas obligée de faire ce que je ne voudrais pas! Vous n'auriez pas voulu non plus, peut-être, refuser une tombe à mon frère? Dites-le donc, que vous n'auriez pas voulu?

CRÉON

Je te l'ai dit.

ANTIGONE

Et vous l'avez fait tout de même. Et maintenant vous allez me faire tuer sans le vouloir. Et c'est cela, être roi!

CRÉON

Oui, c'est cela!

ANTIGONE

Pauvre Créon! Avec mes ongles cassés et pleins de terre et les bleus que tes gardes m'ont faits au bras… (Elle hésita.)… avec ma peur qui me tord le ventre, moi je suis reine.

Et la scène prenait des tournures de vraisemblable.

CRÉON

Alors, aie pitié de moi, vis. Le cadavre de ton frère qui pourrit sous mes fenêtres, c'est assez payé pour que l'ordre règne dans Thèbes. Mon fils t'aime. Ne m'oblige pas à payer avec toi encore. J'ai assez payé.

ANTIGONE

Non, vous avez dit "oui". Vous ne vous arrêterez jamais de payer maintenant!

CRÉON

Mais, bon Dieu! Essaie de comprendre une minute, toi aussi, petite idiote! J'ai bien essayé de te comprendre, moi. Il faut pourtant qu'il y en ait qui disent oui. (Momo s'est tourné vers la fosse comme pour glisser un message subliminal.) Il faut pourtant qu'il y en ait qui mènent la barque. Cela prend l'eau de toutes parts, c'est plein de crimes, de bêtise, de misère… Et le gouvernail est là qui ballotte. (Et comme il l'avait fait dans la rue une heure plus tôt, il est monté en puissance.) L'équipage ne veut plus rien faire, il ne pense qu'à piller la cale et les officiers sont déjà en train de se construire un petit radeau confortable, rien que pour eux, avec toute la provision d'eau douce, pour tirer au moins leurs os de là. (Puis il m'a fait face.) Et le mât craque, et le vent siffle, et les voiles vont se déchirer, et toutes ces brutes vont crever toutes ensemble, parce qu'elles ne pensent qu'à leur peau, à leur précieuse peau et à leurs petites affaires.

(Il a rajouté : "mon pote!", qui n'était pas dans le texte.)

En bas, on est restés scotchés qu'ils aient tant bossé, Bija et lui. J'ai presque ressenti une jalousie que Bija lui accorde une telle confiance et même qu'elle se donne à lui. Je m'étais tant retenu avec l'une ou avec l'autre que j'en suffoquais de dégoût, mon sacrifice m'apparaissait soudain dérisoire, presque imbécile. "Quel con! J'aurais dû la baiser."

Presque oublié qu'ils venaient de jouer impeccablement bien. On aurait dit qu'ils s'étaient depuis longtemps concertés pour ne pas rater leur première sortie.

Ma colère peut-être les avait transcendés, sûr qu'ils s'étaient concertés et devant l'adversité s'étaient serré les coudes.

Les filles semblaient comme soudées les unes aux autres dans une même confusion. Ce qui venait de nous être joué nous ressemblait. C'était accessible et tout autant enflammé. Ça sonnait juste de désespoir et de rage chez Bija, ça le faisait autant chez Momo dans le registre de l'impuissance du pouvoir.

Ces mots-là, on avait tous envie de les avoir dans la bouche, on regrettait de ne pas pouvoir les jouer sur-le-champ tout de suite après eux, ils se relayaient dans une interminable farandole.

Plus tard, j'ai dit à Momo que c'était exactement de cette façon qu'il devait jouer. J'ai dû parler du bon rythme, de la bonne intonation, de la retenue, enfin le blabla de ceux qui se prennent pour quelqu'un.

Bija, elle, m'a fui, pour me laisser ce goût vinaigre de la culpabilité. J'aurais aimé m'excuser de l'avoir évoquée en balayeuse soumise. En même temps je ne regrettais pas qu'elle ait reçu le message d'un peu plus de vigilance. Certainement elle m'aurait dit "occupe-toi de tes oignons et de ta révolution" et que je n'allais pas, moi, la sortir de son désordre intérieur avec tous ces mots dans ma bouche enfilés comme des perles. Elle aurait ajouté qu'elle vivait dans un trou noir et qu'elle cherchait à sa façon un peu de lumière, mais que voilà elle était arabe et que pour les filles arabes ça finissait toujours mal, parce qu'en réalité elles n'ont aucun choix et que c'est dur quand on est fille de dire à sa mère "va te faire foutre, je veux vivre!", tout simplement "va te faire foutre" et vivre ensuite, coupable d'avoir tout trahi.

Seuil de ma porte.

— Ouho!

Toujours le cri de Tarzan. Cette fois-là c'était Samir. Maman m'a fait :

— Tu finis ton assiette!

Sur un ton ferme mais retenu.

Je me suis redressé en m'essuyant les lèvres sur un bout de nappe. J'ai l'ai vue retenir des animaux sauvages dans sa bouche qu'elle aurait voulu lâcher pour me ramener à bon port. C'était ainsi comme un jeu d'échecs, je la lui jouais chantage au bac, elle fulminait.

Maintenant qu'on était tout près du dénouement, j'entretenais le suspense; un jour en la rassurant, un autre en jouant les affres de l'intello face à ses feuilles. Elle vivait au rythme de mes fausses humeurs et je la torturais en poussant des "merde!" et ses yeux marquaient la douleur. Ou bien je formulais des *yes!* et la commissure de ses lèvres se détendait. Elle ne m'abordait qu'en douceur. Elle redoutait une séquence émotive qui m'aurait été fatale et sa voix, ses gestes se faisaient doux, j'en profitais goulûment. J'en profitais pour la tenir à bonne distance.

Ça sonnait comme l'heure des vengeances et j'étais décidé à lui faire payer le prix de tous les matchs de foot qui m'étaient passés sous le nez, toutes les sorties à la plage, toutes les filles qui me disaient "dommage, tchao".

Tous les plaisirs qui m'avaient été longtemps interdits. Consciente de la partie d'échecs qui se jouait, elle acceptait de perdre par avance et rangeait ses griffes.

Moi, j'abusais et m'entendais au fond de ma calotte crânienne : "Échec et mat, la vieille!" Des fois des : "Prends ça dans ta gueule!"

Elle, solide, patiente, impériale, poussait le vice jusqu'à chasser mes frères et sœurs de la maison. Ils finissaient par être excédés d'entendre parler de ce bac. "On le saura que tu passes ton bac… Grouille-toi qu'on en finisse!" Et un légendaire "casse-couilles" qui m'atterrissait au fond de l'oreille.

Seul mon grand frère, atterré devant la masse des textes que je revisitais en diagonale, semblait apitoyé.

— Je te plains.

Maman, d'une humeur nettement moins compatissante, m'a suivi "mauvaise" et dans la porte entrebâillée a lancé à Samir :

— Il révise son bac, lui!

Et Samir de me tancer à son tour :

— Casse-couilles ta mère.

— Oui, je sais.

— Des fois, on a pas envie que tu l'aies, ton bac, juste pour lui faire fermer sa gueule, et d'autres que tu l'aies pour qu'elle la ferme aussi.

Ensuite, on s'est cogné la rue Raphaël qui s'est rappelé à notre bon souvenir…

— Salut les pédés.

Une balle a roulé jusqu'à nous et, oh malheur, Samir s'est risqué à un amorti avec la délicatesse d'un pied de plomb et, effet inverse, la balle est repartie droit devant, comme propulsée par une jambe de bois pire que le bras d'une tractopelle. S'en est suivie une suite de grands classiques :

— Va t'acheter des jambes… et autres "jambes de miel", pied-bot, mongol, que sais-je.

J'ai fait :

— Fallait que tu le touches, ce ballon.

— Ça m'a démangé.

— Je comprends pas, faut toujours que tu leur donnes le bâton…

— C'est mon côté sado.

— Ton côté sodo, tu veux dire.

— *Yes!* Tiens je te mets seize… pour la spontanéité.

On a ri mais avec l'appréhension des condamnés. Momo allait en fin d'après-midi passer son examen d'entrée au conservatoire et pour se détendre le zguègue, voilà que sous l'abribus Samir s'est mis à singer Momo, les bras grands ouverts et suppliant les cordes vocales.

— Ô rage ô désespoir, l'Arabe est dans le noir.

Et moi d'enchaîner :

— Il est frisé, il est beau, il chie derrière le rideau.

Samir, d'un ton moins déconneur, m'a dit :

— Et s'il chiait vraiment dans son froc ?

— Mais non, il a répété comme un fou, Hélène m'a dit que ça fait dix jours qu'il est sur le taf, dix jours pour une scène ! L'autre jour, il nous l'a jouée avec Bija, c'était mortel.

— C'est une chose de jouer devant les potes, même toi y t'arrive d'être bon…

— Merci.

— Devant un jury de professionnels c'est autre chose, regarde, j'ai les mains moites.

On s'est aplatis dans les sièges de l'autobus et la sueur a commencé à accrocher nos tee-shirts. On a même imaginé le pire, on entendait presque la sentence :

— Une prochaine fois peut-être...

Et Momo vexé descendrait de scène et tomberait sur le lard du malappris à coups de poing et à coups de : "Le con de ta mère, espèce de raciste."

C'était son argument favori, raciste! Quel prof ne se l'était pas entendu proférer par Momo? Susceptible comme un prédateur de nuit, il en ratait pas une et ça avait fini par sérieusement nous gonfler. Pour un tutoiement, une mauvaise note, une poussette à l'épaule, un regard frontal, une demi-syllabe mal interprétée, hop l'avocat des parias s'échappait du flacon comme un djinn et hurlait à la face du monde son dégoût de l'homme blanc. Il en faisait des tonnes, un peu pour montrer son bagou, un peu pour la jouer comédien dramatique. C'était à la fois insupportable et génial, car il jouait ses personnages à fond.

Il imitait à merveille Gabin, Raimu ou Pierre Brasseur dans *Les Grandes Familles*. Il excellait dans le valet de chambre, l'aristocrate mondain, le père immigré de la première génération. Il improvisait aussi bien les jeunes filles éplorées qu'on marie au bled que leurs frères décérébrés qui interdisaient aux filles de se maquiller, de parler à des inconnus, de s'habiller court et même de rire.

— Ne ris pas connasse, on dirait une pute, allez rentre!

(Les filles adoraient qu'on cogne fort sur les garçons, ça les vengeait et ce plaisir nous stimulait.)

J'aimais ces moments où on était tous de sexe féminin. C'étaient des moments de scènes jouées, mais c'était déjà ça.

Il m'imitait moi lorsqu'un de ces fous furieux de la cité montait à ma hauteur et me demandait d'expliquer la présence d'un poème sous la couette de la frangine.

— C'est quoi ça, bâtard?

— C'est un poème…

— Tu veux te marier ou quoi?

— Non.

— Quoi, tu veux pas te marier?

— Heu… si.

— Jamais tu passeras la bague à ma sœur, et tu sais pourquoi?

— Non.

— Parce que t'es un pédé.

Il adorait jouer cette scène du Magyd giflé pour un poème trouvé sous un lit de donzelle. Bon, faut dire que je l'avais largement nourri en anecdotes qui se retournaient aussitôt contre moi.

Racontées par lui, toutes ces histoires de la cité recevaient des salves de rire et il partait heureux de nous avoir fait pisser dans nos jeans, moi d'en être l'auteur. Son sketch préféré, c'était quand il s'attaquait au sacré, et comme Fernandel à Jésus, il s'adressait au Prophète :

— Seigneur, je voulais te parler du ramadan.

— Oui mon fils, je suis tout ouïe.

— Y a pas moyen qu'il soit amovible?

— Tu veux dire?

— Fixé définitivement au mois de janvier.

— Où les jours sont plus courts?

— Non Seigneur, enfin oui! On serait moins sous la contrainte et de fait on le ferait tous.

— Mais tu n'es pas obligé non plus si tu n'as pas la foi.

— Si! La foi je l'ai, mais des fois… Enfin… Je l'ai moins.

— Et si je le supprimais, ça t'irait?

— Heu… Non, les gens le feraient quand même.

— C'est vrai que je suis l'omniscient et l'omnipotent!

Tout bas :

— Poil au Gitan.

— Pardon?

— Non je disais, un compromis, qu'il soit plus long en jours et moins en heures…

— Ça se réfléchit.

— C'est ça, bon je consulte mon agenda, on se rappelle?

— T'inquiète, je rappelle toujours mes ouailles.

C'était du bonheur fait maison, sauf qu'il n'emportait pas l'adhésion à chacune de ses embardées. Un auditoire indifférent et il remettait tout en cause, sa verve, sa spontanéité, il se traitait de "mange-merde" et je lui conseillais alors de prendre de vrais cours de théâtre, de pas se fier au jugement des proches enclins aux flatteries visqueuses pour juste se débarrasser de lui. C'est ce qu'il fit quelques… un temps trop court.

Le bus roulait pépère et juste devant nous le petit Krimo déchiquetait le cuir de son siège avec la pointe de son Opinel, je me suis levé d'un bond.

— Qu'est-ce que tu fais?

— J'y nique sa mère, au siège.

— Hey mais t'es pas bien? C'est ta mère qui va s'asseoir dessus demain, la mienne, les autres, tu peux finir chez les flics pour ça, tu le sais?

— Je m'en branle, chuis arabe.

Et comme si ça ne suffisait pas à mon malheur j'ai reconnu Samia juste derrière le chauffeur. Enfermée dans ses foulards multicolores, peut-être heureuse qu'on ne lui adresse pas la parole, heureuse peut-être d'avoir atteint son but, couper court à tout, faire en sorte qu'on n'ait nulle envie de l'interpeller, pas même un "bonjour". Elle s'était construit un monastère de voiles dans lequel elle s'était retirée au compte-goutte, laissant un ultime espoir à rien mais le suppliant tout autant de la rattraper avant fermeture définitive. Le doute l'avait séquestrée au plus profond. C'était l'amour total ou rien, et devant ça j'avais pris mes jambes à mon cou.

Quelque chose la retenait de m'accorder mon fameux "sursis quéquette", un essai, comme à l'entreprise.

Mais chez elle, pas de casting, il fallait être le bon. J'étais pas assez arabe ou trop français, et les deux n'allaient pas. Trop français je masquais notre arabité, pas assez arabe j'empêchais la vengeance. Elle voulait conjuguer la tradition, cette défaite, avec le libre arbitre. Je me sentais pas les ailes d'un tel athlète. J'avais plutôt le vertige.

À quelques pas du grand théâtre, Samir m'a fait :
— Faut pas qu'il en fasse trop, c'est tout.
— Oui, c'est ça, pas trop ! que j'ai répondu, étranglé par une peur soudaine. Quelque chose proche de la panique s'est emparé de moi et a gagné l'œil de Samir. Une peur que le monde s'écroule. Car au fond on misait sur une trajectoire fulgurante pour chacun de nous trois. Samir en Jaurès des banlieues, moi en Hugo des prolétaires et Momo en Raimu multicolore, je crois me souvenir de ça, d'un rêve géant, un trois-mâts magnifique. J'ai eu peur d'autre chose que la gloire espérée. N'étions-nous pas ces Beurs que la France attendait pour un rêve nouveau ? N'étions-nous pas ce souffle ? Une armée de frisés derrière une Marianne tressée de locks ?

N'étions-nous pas la multitude colorée, l'achèvement de l'idée d'universel, le symbole de l'être multiple ouvert à mille identités ? Pourtant, est-ce qu'on n'apportait pas l'espoir de la fraternité, le métissage à venir prometteur d'un monde sans haine ? Non, c'était pas possible qu'à peine à nos débuts l'époque signe la fin de la récré !

Un des nôtres sur scène jouant un grand classique, le jury ne pourrait pas se passer d'une opportunité pareille. Quand bien même il échouerait, qu'on lui donne une chance, il saurait la saisir. Allez quoi, la

France, fais ton geste à la con, ouvre-la, ta porte! T'as peur de quoi salope! De plus être vierge? On s'en fout, nous, que tu sois la fille aînée de l'Église. Prends-nous, adopte-nous, fais quelque chose et je te jure que tu n'auras pas à le regretter. Quoi Allah? Mais n'écoute pas les sornettes, y veut juste que la famille soit réunie, rien d'autre.

Un Reubeu jouant Créon l'occasion était trop belle pour envoyer le signe d'une réconciliation. J'ai pensé, moi jury, je prends, il est temps d'épicer le théâtre français. Les uns les autres on a besoin de cette victoire. On manque trop de cette note d'espoir, faut du Reubeu sur les planches, de l'Arabe à l'Assemblée, un bicot pagnolesque, des remplaçants, quoi! Mais dignes de ce nom. Faut raviver les troupes, elles sont pléthore dans les coursives à attendre le top départ. On a besoin de signaux avant qu'il soit trop tard et que tous les copains finissent par croire que tout ça n'est qu'une supercherie géante. Allez, un effort, on a fait le premier pas, on aime Ferré, Brel et Brassens, on mange même du porc. En catimini, certes, mais ça passe, point de pustules sur le visage, pas de troubles psychologiques, on boit du vin, moi-même j'ai déjà mis un *y* à Magyd en signe d'allégeance au patrimoine blanc. J'aime mes Pyrénées, Noël et Pâques. À la maison, on a déjà décoré le sapin. J'ai prié le Prophète pour que lui aussi accepte un compromis, croire en Dieu à mi-temps, le temps des doutes. C'est mieux que de n'y croire jamais non?

Allez jury, ce déni ne peut pas durer l'éternité, on est des vôtres, on est les plus fervents supporters de Rousseau, de Voltaire, et même d'Astérix, ce valeureux

Gaulois qui défend la patrie, à moins que je ne le confonde avec Vercingétorix, je ne sais plus, je suis perdu. Crise et re-crise d'identité. On en bave là-bas, derrière le périph, de porter l'étendard nouveau de la banlieue, moi je suis fatigué de trimballer ce sobriquet de "pédé"!

Dans le théâtre, ça s'agitait, partout le stress était perceptible, on croisait toutes sortes de beaux gosses, blonds, longs, au regard suffisant, on s'est sentis mal. Samir m'a fait la remarque :
— Ils sont tous blonds...
Je les ai dévisagés, j'ai rajouté à mon regard un peu d'"hostile" et me suis appuyé au fond de leur orbite pour déstabiliser un peu de l'assurance qu'on a dans de pareilles circonstances. J'en voulais à cet avantage physionomique. J'avais dans l'idée qu'une tête d'Arabe serait plus un handicap qu'autre chose. Je pensais : Momo, s'il a vu tous ces éphèbes, il va se froisser comme je le suis déjà, peut-être un bout d'envie de balafrer une joue.

Putains de Blancs, putains de blonds toujours à nous barrer la route de la gloire! Et puis des blondes aussi taillées archétypes à gagner. Elle était plus forte que moi, l'envie de leur casser la gueule et de disparaître aussitôt.
La colère me rendait arabe. Merde! On perd du terrain, la France s'éloigne. Tant pis! Tout casser. Avec Momo tout sacrifier, son passage, son avenir mais rentrer avec la satisfaction d'avoir pété la gueule à ces veinards qui nous bouchent l'horizon, non sans leur avoir souhaité la chiasse, la toux et l'arrêt cardiaque, trois maladies qui vous laissent au pieu.

Où était Momo? Il fallait que je me rende compte de son état, que je palpe son pouls, qu'il sente notre présence, il fallait qu'on lui organise un îlot familial, une tribu à laquelle se sentir appartenir. On allait se poser là-devant, c'était le moment ou jamais de le convaincre qu'il était pas seul, qu'il avait lui aussi une famille, un clan pour l'épauler.

Par petits groupes informels, la salle s'est remplie de jeunes de notre âge, souriants, légers, vulnérables, des looks de littéraires, presque des potes à moi de terminale, des rebelles faussement négligés, des grosses touffes de cheveux, des coupes faussement dédaigneuses, du blé sobrement distillé de bas en haut, des crânes dégarnis, des airs ternes de faux modestes maquillés bab, des acteurs se prenant pour des acteurs. Y avait là des moins jeunes à peine affranchis des conseils de l'Église, de plus avachis qu'avaient loupé la voie rapide, tout ce que la bonne société compte de cachottiers faussement désinvoltes, tout l'éventail d'une France qu'est pas la pire. Et je me suis senti minuscule d'autant de rancœur gratuite. Momo sans doute pronostiquait le même symptôme.

Trop de concurrence déloyale, bon sang! Allons chercher Mounir, le gros Saïd et Fred et même Nacer le taiseux, mais qui peut emplâtrer dix gonzes d'un seul bras. Là, tout à coup, dans ce théâtre même l'architecture, le décorum, les meubles, les tableaux, tout nous excluait, on était pas chez nous. Rousseau et Voltaire s'éloignaient de la rive qu'on devait rejoindre. Toute la France qu'on aimait se diluait.

L'espoir glissait entre nos mains à l'entrée de la grande maison et finis les Flaubert, Balzac et Hugo. Adieu Apollinaire et adieu René Char. Bye-bye Maupassant, le Siècle des lumières et la Révolution. Tout se dissolvait à mesure des pas accomplis pour les rejoindre.

Mais qu'est-ce qu'on avait cru? Qu'on allait nous glisser un tapis rouge sous les pompes, qu'on nous souhaiterait la bienvenue, sans doute nous offrir un rafraîchissement, nous remercier d'être là, nous demander si tout allait bien? D'où qu'on sortait pour s'être fait un film pareil, d'un hôpital psychiatrique, d'un songe, d'une nuit infinie, d'une grotte des siècles où on tournait le dos à la lumière ayant pris des ombres pour la réalité?

Quelque chose de rugueux m'a durci le cœur, oui! Allons chercher des potes à la cité et brisons des bouches. Quitte à payer chacun de ces cerbères qui nous traitaient de tout la veille, tentons le tout pour le tout. J'suis prêt à m'endetter, tiens, pour débarrasser les planches de ces éphèbes. Putain! C'eût été la paix des braves entre nous. La cité se serait unie pour sauver un des siens là-bas sur un échafaud nommé "dégage".

Ils se seraient fait un plaisir de nous venger, car il y avait pire que nous à combattre et c'était les Blancs. Les autres qui s'appellent entre eux "Français". Nos gorilles à nous seraient venus nous sauver, ardents et fiers, nous épauler malgré tout. Nous qu'ils appelaient "tapettes", car on avait beau être leurs pires ennemis, ils en oubliaient pas la race et l'origine, c'eût été l'occasion d'être tous algériens, tous des fils de maçons de la rue Raphaël, et tous on en restait pas moins des amis de l'enfance liés à la vie à la mort par une ressemblance commune. La ressemblance, c'était aussi salutaire.

Un quelque chose du pacte serait né car au fond tous bougnoules d'un même ennemi. C'eût été le

calumet de toutes les tribus indiennes, loups et bre-
bis mêlés en un improbable conte de fées, l'écriture
et la baffe unis pour être enfin plus fort que le plus
mauvais sort.

Ça n'en finissait pas, sont arrivés des parents venus
secourir les sautes de cœur.

Nos parents à nous, ils seront pas là, ils ont d'autres chèvres à traire, des soucis d'un autre temps.
Même qu'ils nous casseraient les dents d'ainsi nous
montrer au grand jour.

On a rejoint les filles avec Samir, et je les ai aimées
un peu plus, elles aussi m'ont embrassé plus fort que
d'habitude. Des bises à toutes les filles oui, nous
n'étions plus quartier nord, ici c'était la France. Pas
folles, elles se sont glissées dans la fosse et se sont
mises à crier des slogans de supporters :

— Quartiers nord, quartiers nord! Quartiers nord!

Et tous les regards se sont concentrés sur elles, ce
qui eut pour effet d'entraîner les autres :

— Quartiers nord, quartiers nord!

Hélène, en bonne éducatrice, jouait les modéra-
trices. Tout autour les grimaces ont tourné légion,
partout des points d'interrogation fermaient les
visages et les corps.

— Quartiers nord, quartiers nord!

Un Reubeu chez nous s'identifie par la géogra-
phie, faut qu'il précise son lieu de villégiature, qu'il
se réclame d'un espace comme s'il ne lui était pas
légitime. Sûr, il y a des lieux où on est pas percuté
par un sentiment de bienvenue, rajoutez une bonne
paranoïa des familles et vous obtenez une guerre de
Religion.

Y a des jours, on est soudain hostile à la pierre, au
patrimoine, à tout ce qui dure trop longtemps, on y

retrouve pas ses chats, des lieux qu'on aime pas parce qu'ils sont solennels, silencieux, grandiloquents, c'est certainement ce qui a dû peser dans la tête à Momo. Il aurait fallu que ça se passe chez nous en banlieue, au milieu du linge étendu, de l'odeur et du bruit.

— Momo! cria ma sœur.
Les filles ont repris en chœur :
— Momo! Momo!
Sa tête venait d'apparaître derrière un rideau. J'ai juste eu le temps d'un signe, d'un geste d'encouragement et une mimique pour lui signifier qu'on était prêts à mourir à ses côtés, qu'il n'aurait qu'à faire un signe et on accomplirait le sacrifice d'Abraham.

On s'était finalement agglutinés au beau milieu de la fosse, carrément au premier rang, personne n'avait osé nous déloger. Gare au pisse-tiède, un mot et on crie au "racisme", c'est notre atout fétiche, notre méchant joker, ne restaient que des regards en coin qui précisaient qu'on n'était pas à la cérémonie d'un mariage. Ma sœur tout excitée m'a glissé à l'oreille :
— Un jour on sera chez nous ici, le con de leur mère.
Me suis dit, non, pas elle.
Hélène, pas sourde d'aucune oreille, a répliqué :
— N'importe quoi! On est chez nous… Heu, enfin vous êtes chez vous, chez nous, quoi.

On en était là même avec les proches. Chez nous, chez vous, barbouillés du cerveau et jusqu'à aujourd'hui dans quel "nous" est-ce que je m'intègre, moi, et à quel "vous" j'appartiens. Où m'inclure, où m'exclure? Ai-je donné un accord pour appartenir à l'un ou à l'autre?

J'ai senti tout le poids de mon aliénation, le même sentiment d'être étranger dès que je remonte le temps.

Sous une arcade millénaire ou devant un tableau du siècle dernier, même appréhension. Dans une église aussi où j'ai cru mon malaise dû à une autre pratique culturelle, mais non, c'est à l'âge des pierres que j'en voulais.

Plus je remontais dans le temps et moins j'appartenais au peuple de France, suffisait d'un rideau rouge, de colonnes majestueuses, de quelques boiseries et tableaux d'art et je me sentais renvoyé au néant de ma propre histoire. La profondeur des racines empêchait la greffe.

Dans la salle, les lumières se sont éteintes, s'en est suivi un silence de cathédrale, une voix grave a dit :

— Ne montez qu'à l'énoncé de votre nom.

Une jeune fille enquillée de lunettes larges et ovales a ouvert le bal avec un extrait de *Richard III*. D'une voix calme et profonde à la fois, elle a balancé des braises tout autour d'elle. Elle vivait si bien son rôle qu'il nous semblait que des flammes sortaient de sa bouche, j'ai grande ouvert la mienne, étourdi que j'étais.

Le concurrent suivant m'a sidéré par la variété de tons qu'il utilisait, on aurait dit un ascenseur de mots jetés à tous les étages. Ensuite une autre a proposé une Hyacinthe (des *Fourberies de Scapin*) tout en retenue, sensible et troublante, une autre encore en Chimène nous a soufflés par les nuances apportées à son jeu. Un autre et un autre se sont tirés d'affaire, un énième m'a définitivement retourné en jouant des extraits des *Lettres de mon moulin*. Il y puisait de la malice et des grimaces qui ont fait rire toute la salle… toute la salle sauf nous. Dans la fosse, un îlot d'imbéciles fronçait les sourcils, refusait d'admettre. On contestait le diagnostic.

Tous ces prétendants! Meilleurs ils étaient et plus nos jugements se faisaient péremptoires, partiaux, jaloux, haineux, injustes et dépourvus de lucidité. Moi j'ai pensé : y en a-t-il de médiocres qui vont débouler à la fin, au moins un qui précéderait Momo, un bien médiocre qui donnerait à mon frère de la rue un avantage psychologique? Y en a pas un pour pisser dans son froc, tousser, vomir de stress, pris d'un trou de mémoire! Ou tout simplement mauvais à en accueillir même par nous un peu de pitié. Un qui tomberait, qui demanderait à reprendre son texte ou qui supplierait, allez quoi!… Putains de Français, vous n'en avez pas assez des victoires dans tous les domaines? La littérature, les arts c'est vous, les guerres c'est vous, la fille aînée de l'Église c'est vous, la Révolution c'est vous! Ne restent que des imitateurs!

Le défilé n'en finissait pas de garçons et de filles aussi convaincants les uns que les autres, t'aurais dit la succession d'une seule pièce, qu'ils appartenaient à la même troupe et qu'ils s'étaient fait passer la consigne du jeu de l'âme. Pire, qu'ils avaient fomenté un coup à la Martel, Charles de son prénom.

— On tue le Sarrasin.

Une voix enfin a annoncé :

— Monsieur Bengaoui.

En groupe les filles ont corrigé :

— Benguelaoui!!

— Benguelaoui, pardon.

En plein dans l'arène des lettres se faire exploser son nom, ça vous fait des colères d'Indien et le Blanc repart sans son scalp.

Enfin, il est apparu, Momo. Ma bande a retenu le peu d'air engourdi dans ses poumons, les mains se sont accrochées les unes aux autres. Après l'assaut de l'ennemi, quelle contre-offensive allait être proposée? Sur scène, Bija, la figure enrubannée, entame deux tons en retrait…

Mais c'est elle qu'on entend! Son personnage n'est pas là! Qu'est-ce qui se passe? C'est une Algérienne qui geint, où est Antigone? Cherche-la vite!

Elle réamorce deux tons trop haut et sépare dans sa diction les syllabes, ce qui donne l'effet de l'effort et tue la fluidité. Pour compenser, Momo monte en puissance, merde! Il braille, il déclame pas, c'est plus de l'émotion c'est du muscle, connard! On est pas en salle de gym, reprends-toi, allez soldat, on meurt debout car c'est la guerre, ne le sais-tu pas?

Le trait reste forcé et l'on perçoit des cordes vocales à l'agonie, merde! Maintenant il tousse et nous-mêmes nous voilà en train de racler nos gorges. Il reprend une tonalité plus juste mais ses yeux le trahissent, avouent l'affolement, je baisse la tête, regarde Samir qui a abandonné le rafiot à la première phrase, il s'est mis en boule, salaud, traître, lâche! Tu démissionnes alors qu'il a besoin de nos regards soutenus, de nos corps ragaillardis. Je cède à mon tour, baisse la tête, la relève quand ça va mieux. Comment? On convoque l'arrière-ban, allez! Tous au front, mais on va mourir chef! Ils sont trop nombreux, trop bien armés, c'est du suicide!

La guerre a désormais lieu en bas, la plèbe va mourir pour l'honneur, l'honneur de qui au fait? Au nom de quoi? On a plus de dieu, plus de peuple et encore moins de territoire à défendre. Le peu d'espace revendiqué nous a été rendu, qu'en avons-nous fait? Chef! C'est vrai? On va mourir gratos? Est-ce qu'on n'est pas déjà morts d'avoir jamais vaincu? Non! Il reste les femmes, les enfants, que tout le monde crève et qu'on n'entende plus parler d'Arabes. Les Arabes, c'est la plaie!

Quoi? Le voilà qui trébuche, il supplie le jury, vaincre par allégeance au maître, ça s'est jamais vu! Être battu oui! Mais vaincre en perdant jusqu'à sa dignité ça n'a plus de sens, on est pas des ours et c'est pas des dresseurs! Si? Non Momo, ignore-les, regarde-nous, nous on va t'aider, après il ne s'agit que de tenir, de contenir les assauts. Trois minutes, trois minutes pour la gloire! Mais il n'entend pas, il ne fait que s'empêcher de couler, il tente pas la rive, salaud! Elle est donc là ta vérité, t'échoues au premier obstacle, toi qu'affirmais prendre la France par les cuisses, la retourner et lui faire passer l'envie de rester blanche.

Sa main tremble, son bassin se tord, il va mal. Respire imbécile, reprends-toi! Il ralentit son débit, s'aperçoit que c'est trop, réaccélère, avant de trouver un rythme de croisière, remet Bija à flot, qui lui rend une réplique mieux habitée et ça le déstabilise. On est exsangues, en bas on se fuit du regard. On calte, on abandonne le "théâtre des opérations", tous blessés, on se tire par les membres épargnés. Quelqu'un crie, on retourne au combat sous peine d'être indigène toujours, on tourne les talons, on redresse ce qui reste à redresser et même on joue, on lui montre la carte, on lui montre le phare, on rame à sa place. Allez dégage, laisse-nous faire. On dit les répliques, chacun s'applique pour ne pas qu'il meure. Sauver Momo, tiens, c'est un titre qu'il aurait aimé. Rien n'y fait, à notre tour de céder, à notre tour de supplier, messieurs dames ne partez pas, le vrai Momo va réapparaître, il a besoin de temps, de s'acclimater au lieu, d'oublier qu'il est encore trop algérien…

Donnez une seconde chance, on vous promet de plus vous embêter, on portera pas le voile, on va s'intégrer à fond, on va chanter *La Marseillaise* de tout notre cœur, on va brandir le drapeau, s'incliner devant la tombe du soldat inconnu, on vous promet d'aimer Cloclo et Enrico Macias, on sera français pour de vrai, on mourra pour la patrie, on mangera pas de viande le vendredi, on sera tous derrière ce village hilare qui se jette des poissons à la figure et fait rôtir des sangliers assommés à coups de poing. Mesdames, messieurs, restez!

Tout chavire, la scène, la fosse, Momo, et derrière Bija, ils entraînent le tout et la tribu en tête. Sûrs de mourir on défèque, on se pisse dessus, on étouffe, on crie, on se tord le buste, on implore des pitiés catholiques aux maîtres païens, rien... juste un... "Merci" lancé au beau milieu de la réplique, le coupant net pour que l'humiliation aussitôt subie soit proscrite sur-le-champ, et c'est un atterrissage dans le corail profond où jamais la lumière ne fera de fleurs.

Momo aurait aimé qu'on soit pas là, témoins de sa faiblesse, d'une vérité crue qui l'avait montré banal, moins que banal, fébrile, sans doute minuscule. Il aurait aimé se voir seul rachitique et vaincu. Dans la cité c'était le roi, c'était Cartouche à la cour des Miracles, oubliant que la sienne, de cour des miracles, elle n'en possédait aucun. C'était le roi de la vanne et du mot, prince de la métaphore qui tue, c'était un magicien qui donnait aux paroles des formes qu'il nous semblait voir sortir de sa bouche. J'étais jaloux parfois qu'il vienne me concurrencer sur le terrain de la "lettre". Dans le trio qu'on formait avec Samir, les rôles impartis leur donnaient la fonction d'acteurs et même je me retirais des jeux de rôle pour les laisser s'épanouir. Les deux me répétaient : "Nom de Dieu que tu joues mal." D'autres fois : "T'as pas le truc pour être dans la lumière."

J'avais toujours affecté le calme des bonzes, consolé certainement d'écrire, j'en pensais pas moins.

Pour l'instant, derrière le rideau, son râle devait crever le toit du ciel, sûr qu'il devait tremper ses manches de morve et maudire la race qu'était la sienne. Se dire : c'est donc ça la punition ! Être renvoyé à l'origine des tentes bédouines, à l'eau qu'on tire à la corde, au toit de chaume, à la viande séchée au sel, à l'arc et à la flèche. C'est donc ça, nous rappeler ce que nous sommes, rien d'autre que des blessures mouvantes et rancunières, des plaies qui refusent de se fermer pour ne pas avoir à guérir, des douleurs têtues qui se repaissent du désastre. Il aurait préféré être seul pour ne pas que la contagion gagne de ne rien avoir à espérer. Être seul pour s'apitoyer en paix accroché au rideau rouge, ce bout de tissu qui lui donnait tellement l'envie de ne plus être à la solde des rancunes.

Il aurait aimé tout ça mais j'étais déjà accroché à son épaule pour le consoler, lui dire des hypocrisies :

— C'était super, Momo, franchement vous avez assuré.

En vérité, il ne pleurait pas, ne se tordait pas de douleur, ne maudissait pas la France, n'avait pas mis la barre si haut. Je me suis senti rassuré qu'il ne se jette pas par-dessus le balcon. Je restais là circonspect, soulagé certes mais déçu que ça n'ait pas pris des proportions à la hauteur du film qu'on s'était fait. On s'était tellement gargarisés, grisés d'incarner ce souffle nouveau du monde de demain que j'en restais muet de si peu de drame, j'aurais aimé des pleurs, des cris de vengeance, des trucs de la malédiction des pauvres, enfin quoi tous ces mots d'en bas, j'aurais voulu du grandiloquent et me retrouver dans la chute d'un ascenseur lâché par ses câbles. Curieusement tout cela l'avait juste ramené à lui, dans des proportions taillées à sa personne, il se réinstallait dans une vérité d'humble presque soulagé de ne plus affronter des rêves trop hauts.

Puis quelqu'un a dit :

— Où est Bija?

— Elle est partie, a grommelé Momo.

Hélène m'a foudroyé du regard et j'ai compris l'alerte, l'urgence à réagir instantanément, plus une minute à perdre. J'ai dévalé quelques marches et j'ai couru dans les rues pensant que peut-être elle allait commettre l'irréparable. Je me suis dirigé vers l'arrêt du bus 44 qui mène à la cité et l'ai trouvée sous l'abri, assise mais droite, fixant l'horizon et se vidant de larmes tranquilles mais pleines. Je me suis assis à ses côtés sans rien dire. J'ai attendu un peu, elle ne me chassait pas, juste elle a dit :

— Il m'a frappée.

— Quoi?

— Il m'a donné une gifle.

— Qui t'a donné une gifle?

— Momo.

— Momo?... Mais pourquoi? Comment?

La terre s'est ouverte. L'impression de revenir d'outre-tombe. D'avoir fait un séjour là sous un abribus vers des temps révolus. D'être retourné dans cette enfance où nos mères se faisaient esquinter dans la rue par des maris féroces et gueulards se croyant tout permis.

Momo n'avait pas résisté aux trois minutes d'une saynète. Voilà, je l'avais mis en garde et plus que son échec théâtral c'était l'homme qui s'évanouissait, laissant place à un petit connard du quotidien, à un de ces minables bien beauf giflant sa femme parce qu'il manquait du fromage au dessert.

Ce médiocre était mon ami, plus qu'un ami d'enfance, on s'était liés sur un pacte d'élévation de l'esprit et on s'engluait désormais dans la bassesse faite homme. On s'était crus au-dessus de je ne sais quelle norme qui fait la civilisation et justement parce qu'on venait de la fosse on s'était implicitement juré de tirer vers le haut ce que l'homme avait de meilleur. Une baudruche se dégonflait. Une vérité s'étalait toute crue : vous êtes des aliénés. Frapper une femme c'était le pompon, le coup fatal, et c'était dur de se dire qu'on voisinait avec cette petitesse-là. Nous les éclairés des quartiers nord rejoignions dans une fatalité inéluctable les Mounir, Fred, le gros Saïd et consorts, fils d'Algériens névrosés. Ma mère m'aurait vomi, et comment regarder droit dans les yeux Hélène, Agnès, Hakima, Fouzia, Hasnia ? Comment s'exonérer d'un "c'est lui ; c'est pas nous".

Moi, j'avais pas envie de me désolidariser d'un Momo cautionné jusqu'au geste fatal. Je voulais participer au mal, m'inoculer ce virus merdeux qui fait le commun des mortels. Envie d'être coupable de complicité et au premier degré, en plus. Voulais pas fuir. Ce mec-là me renvoyait à mes chères aliénations, peut-être me remettait-il à ma place ? Boomerang de ma cité où il se passait pas un jour sans qu'on fût témoin d'une gifle portée derrière le crâne d'une telle ou le véritable supplice d'une autre achevée à coups de pied et ces femmes de justifier le calvaire auprès des mômes.

— J'ai oublié le pain.

J'ai regardé Bija, c'en était trop autant de coups sur une même personne. J'ai vu nos mères, ces femmes bafouées, réduites dans l'acceptation du pire. Dans Bija j'ai vu leur silence au nom des enfants qu'il fallait tenir droits coûte que coûte, au nom de l'honneur de mes deux. Je les ai vues se redresser heureuses de pouvoir encore marcher, je les ai vues sourire à penser qu'il y avait pire. Qu'elles pourraient être répudiées dans un claquement de doigts, se retrouver dehors, "dehors", ce néant sans limites peuplé de mécréants.

J'ai dit à Bija :

— Je vais lui dire un mot.

Elle a saisi mon bras :

— Je t'en supplie, c'est pas grave, je sais que demain il s'excusera.

— Mais qu'est-ce que tu racontes, Bija ! Tu veux des excuses après ça. Je te signale qu'il t'a giflée, je l'accepterai jamais…

— Non, c'est moi qui déconne, je suis pas faite pour ça, je voulais juste me prouver que je pouvais être autre chose sans savoir quoi, j'ai juste foutu la merde, regarde, où que j'aille je fous la merde.

— Mais pas du tout, fallait que t'essaies.

— Je te dis que je suis pas faite pour ça !!

— Mais personne est fait pour ! C'est pour ça que ça existe le conservatoire, les écoles de théâtre, pour apprendre. C'est un métier comme un autre, regarde Momo comment il s'est écroulé.

— Mais non.

— Quoi, tu le défends en plus? Mais t'es pas bien? Il aurait dû te porter, il a chuté le premier. Avant de monter sur scène on fait un travail sur soi, lui il voulait se montrer. C'est pas l'orgueil qui fait la force, c'est l'humilité, au théâtre on se montre pas soi, on laisse la place au personnage. Il a des comptes à régler avec lui-même, il risque pas de faire vivre quelqu'un d'autre à l'intérieur de lui… Hé, tu comprends ce que je te dis, Bija?

Momo avait-il volontairement saboté son passage pour se convaincre devant l'obstacle que la contrainte lui pesait trop? S'était-il fourvoyé en s'inventant le plaisir du jeu? Tout ça n'était-il qu'un dernier mensonge avant d'intégrer des rangs moins exposés?

Oui, c'est ça! Tous ces sketches si géniaux soient-ils devaient en rester là, sur la ligne de flottaison qui fait qu'on respire et tout juste. C'était de l'esbroufe. Il s'était juste aventuré au bord de l'eau sans l'intention de perdre de vue le rivage. Fin de parcours. Trop d'envolées lyriques l'avaient dérouté. La peur l'avait ramené à nous.

Voilà qu'on s'effondrait devant trop de hauteur. Soudain je ne lui en voulais plus, Samir avait soufflé comme s'il avait lui-même participé à l'épreuve. Son visage paraissait vieilli et bizarrement semblait réclamer une pause, en tout cas des étapes et l'acceptation du temps qui passe plutôt que de vouloir tout bouleverser. Maudite soit cette règle du théâtre qui veut qu'"en un lieu en un jour, un seul fait accompli tienne jusqu'à la fin le théâtre rempli".

Il ne me restait plus, à moi, qu'à passer mon bac… et l'avoir.

Traversée de ma rue, direction le local, boire un café avec Hélène…

"Plutôt le matin!" qu'elle m'avait précisé, donc solennité de mise.

Tiens! Pas d'insultes, vers dix heures du mat' les rancuniers se la donnent à poings fermés, ma rue se repose… Pas tout à fait, voilà la génération qui sèche. Tayeb et Driss. Casquette à l'envers pour l'un et tee-shirt *I shot the sheriff* pour l'autre. Je les avais sentis qui me humaient du regard. J'allais anticiper une engueulade… genre "Vous êtes pas en cours?"

Et puis non, marre de jouer les pompiers, les sauveurs, les éducateurs, les moralistes, les redresseurs de rien d'ailleurs. Ici tout est lourd à gérer, ma rue pèse mille ans de bagarre des pauvres. Je me dis laissons ça aux potes, à Samir, aux militants qui me reprochent de vouloir fuir. Qu'ils y viennent, vivre au milieu des névroses, ici on les empile et moi-même je fourgue, je balance en packs de douze, c'est ma journée promo : qui qu'en veut du schizophrène, tiens j'ai de l'aliéné de saison, je te fais trois crises identitaires pour le prix d'une, tiens prends-moi dix échecs scolaires et je te rajoute une déprime importée Maghreb…

Me voilà à leur hauteur et c'est Tayeb qui parle :

— Franchement Magyd, tu veux pas nous l'écrire le texte ?

— C'est quoi ?

— C'est pour aller à Benidorm avec l'équipe de foot, et la Hélène elle dit que pour les subs faut expliquer pourquoi on y va…

— Ben… Vous expliquez que c'est pour découvrir la culture andalouse, que c'est une forme de rapprochement avec votre culture d'origine, que la province d'Alicante est un pont entre deux cult… Bon allez, suivez-moi au local.

J'ai fait signe à Hélène de m'accorder quelques minutes. Elle m'a plaint du regard : Vas-y, vas-y…

Driss s'est écarté et m'a gentiment offert de m'asseoir devant la machine à écrire. Comme un automate je me suis lancé tel le robot spécialiste en demande de subvention publique.

"… Benidorm n'est pas que la plage aux longues étendues sablées, c'est le lieu de toutes les rencontres, l'épicentre de toutes les immigrations. Nous proposons aux jeunes du quartier une semaine culturelle axée… blabla…"

Bruit de mob, à l'extérieur ça crisse du pneu…

— Bon, tu finis, on revient…

Ils m'ont laissé dans ma diatribe fournisseuse de francs et j'ai fait "bof"… Ils liront pas plus Beckett. Autant qu'ils débarrassent le quartier, l'été va être chaud.

Un autre groupe d'adolescentes est entré.

— Magyd, on veut pas aller à Narbonne cet été.

— Pourquoi ?

— Y a trop d'Arabes.

Pause.

Je suis devenu blanc, je veux dire physiquement blanc ce matin-là, quand Hélène m'a dit :

— Bon c'était qu'une gifle, on va pas remettre l'ordre du monde en question, Bija n'est pas morte.

— Quoi ?

— Je te dis que dans un couple il arrive qu'une gifle parte dans un sens ou dans un autre, qu'on renverse pas la table pour ça, pas forcément. Toutes les gifles ne se valent pas. Certaines n'ont pas l'importance qu'on croit.

— Quoi ?

— Ben oui ! On est là à toujours condamner mais chaque acte n'est pas révélateur d'un individu, d'une vie… On peut pas réduire Momo à cette gifle, il est aussi d'autres choses.

— Quoi ?

— Fais pas l'andouille avec tes "quoi ?". On est qui pour le condamner ? L'incarnation de la vertu ? La morale ambulante des quartiers nord ? Je sais le mal que ça t'a fait mais tu n'as pas à porter la faiblesse d'un autre, t'es pas responsable des failles masculines. Momo n'est pas toi et tu n'es pas Momo, voilà ce que je veux te dire. Peut-être que Bija et lui avaient besoin d'en passer par là. Peut-être même que ça a été salutaire pour nous. Et puis on a posé trop d'enjeux sur ce concours d'entrée. Il peut le repasser, non ? Elle aussi. D'ailleurs, c'est ce qu'elle va faire, tu vois.

— Elle veut…

— Ben oui, t'as cru quoi ? Que cette gifle l'avait traumatisée, dis-moi ? Combien de gifles elle a prises dans sa vie ? Quand as-tu réagi ? Et pourquoi cette fois-là plus que les autres ? Pose-toi la question.

Essayait-elle de me rassurer ? S'inquiétait-elle pour mon équilibre psychologique ? J'en étais là à être consolé en tant qu'homme par ce que le féminisme avait de plus rigoureux. Il s'agissait de mon orgueil. En vérité je m'en voulais de pas incarner un idéal masculin, un Martien irréprochable. Elle voulait atténuer cette culpabilité excessive. Elle me prenait pas pour ce que j'essayais d'être, un modèle, et me ramenait à de plus justes proportions.

Par ma proximité avec Momo, j'étais comme entaché par procuration et cette fois-là je ne l'avais pas supporté. Et ça m'a fait du bien qu'elle n'ait pas cette exigence supposée. Je maudissais cet orgueil qui voulait réprimer toutes les failles. Rien que ça. À moi tout seul, colmater la fuite d'un paquebot géant. J'avais décidément beaucoup à apprendre. Je soufflais presque d'être accepté imparfait. Peut-être pour ça que je retrouvais de plus en plus souvent mon petit groupe de rock. Ils ne me demandaient pas de changer la face du monde, ils assumaient leur vie sans soutien scolaire, sans structures pédagogiques et sans éducateurs de rue. Ce qui les ravissait, c'était justement d'être hors des cadres sociaux. Un vieux garage garni de posters de rockeurs plus déglingués les uns que les autres, tas de bras à piquouses et narines à farine, au sol une mousse pouilleuse et sur les tables des bières tièdes qu'ils se payaient le luxe de ne pas finir, tout cela suffisait à leur bonheur. Ils étaient heureux ainsi, dans l'illusion d'une pauvreté fantasmée. Tous ces mecs n'attendaient pas de moi que je relève aucun défi, me fallait juste être moi, incisif et rieur. Ils m'ont d'ailleurs offert le trône du chanteur, comme heureux de ne pas être eux sous les néons, et on bâtissait presque innocemment un premier répertoire de reprises.

Momo, défait certainement, honteux pour le moins et désespéré sûr, s'est fait discret. D'être allé au bout de sa folie théâtrale a eu pour effet une espèce de réajustement de son comportement et de ses lubies. Il s'est soudainement repris, comme réveillé dans un bac d'eau glacée et nous a réunis un soir de façon solennelle. Il a pris son courage à deux mains et nous a rencardés dans notre petit théâtre. Il n'oublia personne. Hélène, Agnès, Hakima, Fouzia, Hasnia, Samir, tous et toutes on a répondu présent.

Il s'est approché de Bija, l'a tenue par les deux mains.

— Voilà, je tiens à m'excuser auprès de Bija, auprès de vous toutes. Je sais que vous ne me pardonnerez jamais mais je veux vous dire que je regrette plus que tout mon geste. Je veux vous dire que vous comptez pour moi plus que ma mère et bien plus que mon père.

Il a embrassé Bija sur les lèvres.

J'ai eu un mouvement de recul. Et merde j'ai pensé, je suis à la rue! C'est la première fois que j'entends formulées des excuses, et qui plus est par un garçon d'ici envers le sexe opposé, je rêve? C'est mon premier couple d'Arabes qui s'embrasse en public, et sur les lèvres en plus. Mais alors cette fatalité de l'Orient, c'est pas une fatalité? Alors on peut désormais se dire je t'aime en français? Marcher bientôt main dans la main dans la rue sans se faire arracher le scalp ou l'outillage d'en dessous? Samir! Ça y est! Elle est là, ta révolution! On peut s'appeler "mon chéri", faire des mamours et déclarer sa flamme avec de pleines phrases de français! Il faut annoncer la nouvelle au monde, des Reubeus s'aiment et ne s'en cachent pas! Aujourd'hui ce n'est qu'un couple mais demain ce sera une affiche de cinéma.

On est français pour de vrai! On pourra plus nous accuser d'être fourbes et frustrés, on est intégrés!

Juste, les filles ont baissé les yeux, honteuses et mal à l'aise devant cet inattendu baiser. Moi je me suis dit : Du calme!

Le bac!!!!! Une anecdote pour les Blancs, un exploit pour l'indigène.

Je ne m'étais pas pointé pour les résultats, sûr d'avoir échoué. Je ne pouvais espérer de miracle après avoir passé la moitié de ma terminale à siroter des jus et à refaire le monde au Boulis, le bar en face du lycée en compagnie de losers de ma trempe qui jouaient le futur aux dés. Ça ressemblait à l'addition qu'il me fallait régler et la note venait d'atterrir.

Je me souviens de m'être assis à la terrasse, des heures à échafauder une énième embrouille, bref expliquer à ma mère que ce n'étaient pas des résultats définitifs et qu'il me restait une session en septembre. Ou qu'il manquait un prof de telle ou telle discipline ou même que j'étais à deux doigts de l'avoir et qu'on accordait une fleur à ceux qui frôlaient l'obtention du sésame. Dans tous les cas, pas question d'annoncer de façon lapidaire : "Je l'ai pas."

Me fallait tout un stratagème à étages, comme on réduit le médicament en poudre pour faciliter la digestion. C'était le début de l'été et déjà pour moi la fin de l'insouciance. Fin de parcours en quelque sorte, et j'essayais de dédramatiser… "Une terminale (certes littéraire) c'est déjà beau. Tous mes potes de quartier à deux ou trois exceptions près ont échoué en fin de cinquième. Et puis quoi! J'allais quand même pas être avocat! Et qui allait me payer six ou sept ans de droit? Prof, mouais c'est pas la panacée, surtout si c'est pour se cogner des hurluberlus de cité."

Ma mère aurait aimé la fonction d'ingénieur, ça parlait à l'Algérie, mais même avec force cours de maths, j'avais jamais passé la barre des trois de moyenne. J'en étais trop à vouloir sentimentaliser cette matière implacable qui se refusait à moi.

Les heures passaient et je sentais poindre le début d'un mensonge géant.

En m'y prenant bien, je pourrais lui faire croire que j'intégrais une formation parallèle à l'université, un établissement tolérant le "presque-le-bac" sans être tout à fait du rabais. Elle allait quand même pas, comme au bon vieux temps, se pointer au rectorat pour vérifier l'échec de celui qui devait lui offrir un second souffle!

Quoi! Je lui ai apporté déjà pas mal de satisfaction. J'ai lu des livres, eu des encouragements, une fois même des félicitations qu'il m'a fallu traduire en kabyle… Comment dit-on "félicitations" en kabyle?

— Tu sais maman, quand on te félicite.

— Non j'sais pas.

— Mais si! Quand on dit à quelqu'un "bravo".

— Heu, non.

— Tu vois pas? Quand on dit "c'est très bien".

— Non.

Le Kabyle est comme ça, il félicite pas. Féliciter c'est détendre la corde qui expédie la flèche. Ça vous ramollit la fougue nécessaire au combat. Il faut fouetter toujours, ou pour atteindre la première place des podiums ou pour conserver le titre de la catégorie reine, pas moins.

Soudain, au milieu de tourments quasi résolus… Taf taf taf taf! J'ai reconnu le bruit du cyclo d'Agnès, elle fonçait droit sur la terrasse en agitant ses bras dans tous les sens. Elle articulait des sons couverts par un pot d'échappement percé…

— Quoi?

Et quand le moteur s'est tu…

— Tu l'as!

— Hein?

— Tu l'as!!!!

Faut dire que la veille je lui avais fait part d'un sentiment pessimiste, elle m'avait avoué quelque chose de similaire pour elle-même, on en était restés là.

— Moi aussi je l'ai! C'est trop génial.

J'ai bafouillé :

— J'ai le bac?…

Elle m'a serré fort dans ses bras et instantanément :

— C'est ta mère qui va être contente.

— Hein? Oui, bien sûr.

J'en étais pas encore à ma mère, j'étais en pause sur moi-même, dans l'état des lieux de ma vie.

Un écho dans ma tête répétait "j'ai le bac, j'ai le bac!", comme une consécration suprême, comme un élu accède à la présidence, un prince au trône.

Agnès a juste répété :

— Ta sœur, elle l'a dit à ta mère.

Elle savait tout des nœuds œdipiens qui me liaient à ma mère, elle était ma copine de toujours, appréciée des mamans pour sa délicatesse et sa façon de ne pas bousculer leurs petits progrès pour accéder à un français potable. Elle avait même appris le kabyle pour soulager ma mère. Elle commettait pas d'impairs, elle respectait les codes des familles, heureuse d'avoir été adoptée par la communauté. C'était la Française autorisée à pénétrer dans "les maisons des Arabes" sous couvert de copinage avec l'une ou l'autre de nos sœurs.

Elle savait tout de la traque dont j'étais la victime, de cette attente infernale de ma mère qui n'espérait rien d'autre qu'une annonce au journal télévisé d'une victoire éclatante de son fils. Quelle qu'elle soit pourvu qu'elle soit homérique. Et ça l'épatait, Agnès, que l'obtention d'un bac se joue à la vie à la mort.

— Au fait, je l'ai dit à ta sœur.

— Oui j'ai compris (sous-entendu : la cité entière et au-delà est informée du miracle. Prépare-toi).

J'ai repris des couleurs ne sachant plus dans quel ordre je devais agencer à la fois ma stratégie d'approche et mes émotions vraies. Oui, d'abord souffler un bon coup, reprendre mes esprits. Bon j'ai le bac. Putain j'ai le bac. Je suis le King et ma mère n'aura qu'à bien se tenir. Finis les "À quelle heure tu rentres?", "Tu pars avec qui?", "Et qui c'est cette fille?"

Je vais être... libre. Libre! Rien qu'à l'évocation de ce mot, j'ai senti une brise de Provence me caresser le dos, j'ai frissonné. J'ai eu froid puis chaud puis encore froid. Le tic-tac des minutes me faisait prendre conscience d'un bouleversement à venir. Je me sentais déjà quelqu'un d'autre, en tout cas quelqu'un tout court.

Je suis resté là, statue, à me demander dans quel état j'allais retrouver ma mère. Quelle comédie allions-nous jouer?

— Je vais la jouer tranquille, je vais pas tout de suite instaurer de nouvelles règles, surtout ne pas la brusquer, la laisser lâcher prise. Peut-être a-t-elle déjà perdu la boule, qu'elle se promène toute nue dans le quartier, peut-être même est-elle en train d'exhiber ses intimités, on sait jamais avec les misérables. C'est fragile un paria, ça supporte pas les états de grâce, les inflammations du cerveau, faut que je bouge, vite…

Agnès me regardait avec admiration, elle accordait à mon bac un intérêt supérieur, comme si le sien n'était qu'une formalité administrative. Je vivais ça comme un racisme à l'envers. Pourquoi ce bac n'était qu'une anecdote pour elle et pour moi un exploit ?

Elle attendait beaucoup de moi et c'est plus une gêne qui m'interpellait qu'autre chose. À trop épouser notre cause, son âme se teintait de bled, elle virait "algérienne" côté proscrit, elle mangeait plus de porc, évitait de grignoter les jours de ramadan. J'aimais de moins en moins que repose sur moi cette responsabilité incongrue.

Elle savait que "mon" bac ouvrait des portes, qu'il allait au-delà du diplôme. Je représentais beaucoup à ses yeux. J'étais son pote, son seul poteau. Entre elle et moi le mot respect reposait sur une inattendue complémentarité. J'étais l'imaginaire, elle se chargeait de la mise en perspective.

À ma décharge, j'étais l'incontournable pilier, le scribe de la cité, un chef de file, celui qui avait créé l'asso pour le soutien scolaire, celui qui insufflait des idées folles de théâtre, qui animait des ateliers d'écriture et surtout qui permettait aux filles de sortir de chez elles. C'était beaucoup. Une sorte de bouclier invincible au grand dam des garçons qui avaient trouvé là l'occasion d'officialiser deux camps irrémédiablement opposés. Ceux de l'asso et les "barbares".

Alors elle a dit :

— Ça va faire plaisir aux filles.

Je sentais que je lui redonnais de l'air. S'occuper des filles du quartier lui était vital, c'était son sacerdoce. La violence dans les familles donnait sens à sa vie, lui donnait l'envie du combat. La cité proposait tous les défis, ça lui convenait bien. Le minimum n'y était pas. Effet de sablier, sa vie de Française éclairait tout ce qui manquait à nos sœurs et la soudure entre elles avait eu lieu. Hakima, Bija, les autres se doutaient aussi que ce bac allait engendrer à travers moi une légitimité plus forte vis-à-vis des familles, une crédibilité plus évidente lorsqu'il s'agirait d'aller négocier une sortie, et c'est tout naturellement que les cœurs dans les poitrines battaient des javas diaboliques. Je les entendais déjà :

— On a le passeport, on a le passeport !

Elles en bavaient, d'être traitées comme des immatures, des servantes ou, pire, des dangers pour l'institution masculine.

Agnès se remémorait dans ce moment de gloire tous les quolibets dont je faisais l'objet livre en main. Tous les "salope", "traître" et autre "petit pédé".

Depuis toujours à mes côtés, elle subissait les mêmes sarcasmes. C'était "la Française", la "pute" ou la "connasse".

— T'as sucé Magyd ? Y t'a écrit un poème ?

Je suis descendu du bus et je l'ai vue tout de suite au bout de la rue, Elle était à présent *The Mother*, elle se tenait debout, immobile et le regard haut. J'ai fait celui qui ne la distinguait pas tout à fait, trois cents mètres nous séparaient encore avant les effusions. Elle me fixait comme on suit l'étoile filante. J'avançais les jambes molles, l'estomac noué, les yeux chauds, à la fois fier et terrifié d'escalader cette montagne d'émotion. Combien de fois avais-je entendu dans sa bouche ce mot composé de trois lettres : "BAC."

— Si tu as le bac, je serai ton esclave, tu pourras tout me demander, un bifteck, du poulet, de la viande tous les jours, au dessert tu auras des gâteaux tous les jours aussi, tiens, je t'achèterai des Adidas.

— Des Adidas ?

— Oui des Adidas.

— Tu parles bien des trois bandes blanches ?

— Oui.

— Et je pourrai sortir avec ?

— Oui, tous les soirs.

— Et tu me demanderas pas où je vais ?

— Je te demanderai pas.

— Et tu m'attendras pas au milieu de la nuit ?

— Je t'attendrai pas.

À chacun de mes pas mes jambes devenaient plus lourdes, elles semblaient ne plus pouvoir se soulever et soudain plus légères et à nouveau plus lourdes, on aurait dit qu'elles suivaient le mouvement de mes pensées.

"Passants, regardez l'étranger, il vient sonner l'heure de la vengeance. Vous allez plier, bande de rats, fini le petit Magyd à qui on promettait un bâton dans le cul. Enfin la loi du savoir va décréter sa règle impitoyable. Un oppresseur d'un autre genre vient de naître au beau milieu de moi. Gare aux fautes d'orthographe, gare à l'élocution. Désormais va falloir assumer les imparfaits qui sont pas le passé simple."

Mais déjà les regards de morgue remontent à la surface. Est-ce qu'on le bute avant qu'il nous infecte? Il a le droit d'entrer, celui-là? Il dit qu'il est français. Est-ce qu'il fera la courte échelle ou vient-il creuser des trous pour nous enterrer vivants?

On me traquait au laser, à la jumelle, au .22 long rifle peut-être, et partout le murmure : "Il a le bac."

Il a le bac, on l'a pas vu venir cet enculé et voilà qu'il a cette récompense d'au-dessus les nuages! Ce machin qu'est pas pour nous! Vous avez déjà vu, vous, un Arabe avec un bac? Nom de Dieu, ça fait peur, on aimerait mieux un troupeau de rugbymen bien féroces, assoiffés de bougnoules à buriner du plat de la main. Mais au fait, il s'est peut-être fait enculer pour l'avoir? Peut-être? Peut-être que les Français lui ont ouvert le cul avant nous? On est doublés les gars, il nous a niqués le gros pédé, plus la peine du bâton d'huile.

Dans ma tête s'entremêlaient les voix de Fred, celle du gros Saïd, et puis Mounir dont j'étais la tête de

Turc et particulièrement celui-là qui derrière sa face patibulaire cachait un élève prometteur et vif, jonglant avec virtuosité dans le calcul mental. Il avait préféré le masque de la bête.

Au bout de la rue, ma mère impénétrable trépignait. Qu'elle était longue, la rue Raphaël! Et en même temps si courte, et chaque pas me voyait devenir quelqu'un d'autre, comme par une lente macération qui fait d'un vinaigre un millésime. J'achevais une mue, je naissais. Je crois m'être dit : je suis français, c'est sûr puisque j'ai un diplôme.

Je mesurais le fossé d'avant et d'après le bac. Je laissais derrière moi une barrière qui se refermait après mon passage et de l'autre côté laissait à l'agonie les coléreux, les battus, les fracas du cerveau, les haineux et les casse-dents. Français, la v'là la facture, j'allais être haï ou admiré et ne laisserais rien de tiède, j'allais devenir dur et cette phrase de maman occupant tout l'espace environnant : "Laisse brûler ce qui ne cuit pas pour toi."

Dieu que cette rue me paraissait longue, interminable. Soudain un volet s'ouvrit sur ma gauche, c'était Kheira, des yeux larges comme des phares de DS, le menton faussement timide et la bouche entrouverte s'offrait sans condition. Plus loin Nora cédait sa poitrine sans défense et le regard vaincu, Arkia s'aventura jusqu'au seuil de sa porte, Louisa carrément me fit un geste de la main. Je ne marchais plus, c'était de la lévitation pure et dans ma culotte gigotait un plaisir inégalé. Celles-là n'étaient pas de ma bande. C'étaient les cloîtrées de la rue et le manque les rendait inflammables.

Derrière les palissades, d'autres filles m'offraient des airs de soumission, des airs pour plaire, d'autres jetaient des hameçons pour me harponner. Je subodorais du bon, du palpable à venir sans toutefois me débarrasser d'une frousse quasi génétique de me voir écarter les côtes par quelque impulsif frangin.

Oui mes Pénélopes, c'est Ulysse qui revient, il vous promet la lune, en tout cas l'arche qui nous mènera vers l'Éden où paraît-il vous êtes éternellement disponibles. "Vous verrez, c'est une arche interdite aux garçons, un radeau de tous les plaisirs, soyez patientes et rassurées, y aura que moi…"

Pas le temps d'achever mon songe de pitoyable escroc que Mme Benguelaoui s'est jetée sur ma joue pour l'écraser d'un grand smack.

— Bravo mon fils, tu as le bac.

L'instant d'après Mme Chanane :

— C'est bien mon fils, que Dieu t'aide dans sa bonté éternelle.

Mounir qui faisait toussoter sa BM a ralenti et, parvenu à ma hauteur, a stoppé net.

— Alors t'as le bac?… C'est bien, hé tu sais que j'aurais pu l'avoir, le bac, j'étais bon en maths au lycée technique.

Le ton de sa voix était plus bas que d'habitude, monocorde, ça m'a séché d'entendre une sonorité bienveillante. De toute notre courte vie je ne l'avais jamais entendu articuler autant de mots sans qu'à la fin ils ne soient ponctués d'un "con de ta mère" ou autre "culé va". Cette voix dessinait quelque chose de vaincu, battu à plate couture et finalement presque une victoire pour moi que cela soit possible. Il parlait une langue qui exprimait à la fois un regret et un je-ne-sais-quoi résilient, c'en était trop.

Après le bac, les filles, j'obtenais haut la main un troisième trophée. La peau de mon meilleur ennemi.

Partout les fenêtres s'ouvraient, des fois un bout de rideau et partout ce regard incliné vers le bas ou au contraire des yeux chalumeau m'immolaient. La rue brûlait de mes victimes sorties saluer leur nouveau maître. Elle s'est remplie et presque j'ai imaginé marcher sur un tapis rouge. C'était le premier bac de la cité.

J'apparaissais sous un jour nouveau, comme anobli. C'est tout juste si on me donnait pas du "vous", ce "vous" qui a tant manqué à mon père. Pauvre vieux, toute sa vie tutoyé par les Blancs croisés le dimanche au marché du Cristal. Qu'ils soient patrons, ouvriers, commerçants, ils lui donnaient du "tu" sans être de ses amis, et moi qui le tirais par la manche pour qu'il tutoie à son tour! Mais non, il distribuait du "vous" presque pour se rassurer d'être ce qu'ils croyaient qu'il était : une brave bête.

Sur mon passage chacun, chacune semblait sonné. Un bac dans la cité dépassait l'imagination, c'était l'homme qui marchait sur la lune, l'inaccessible étoile, l'affaire des Blancs. Je transgressais le subconscient. Était-ce possible? Un bac à ce pouilleux qui porte des jeans rapiécés, et pourquoi pas le donner à un chien? J'entendais des voix mêlées à d'autres, des phrasés mesquins, un dégueulis liquide.

Sa sorcière de mère n'a-t-elle pas échafaudé ce scénario surréaliste pour nous faire perdre la boule? Une folle pareille, toujours à courir derrière les profs, ne les a-t-elle pas soudoyés? Mais bien sûr! Elle a donné son cul, elle en est bien capable. Sûr, elle a vendu ses bijoux contre un diplôme en carton. Mais oui c'est ça! C'est un coup monté. Bien joué la vilaine, tu nous as sorti la bave des lèvres, mis les nerfs à cran, salope!

L'onde était terrible.

Enfin, après ce marathon de sueur de quelque deux cent cinquante mètres, je m'enfonçai sous les aisselles de l'amour. C'est là bien au chaud que je l'ai entendue pour la première fois me dire en français :

— Mon chéri (avec son *r* roulé)!

Je n'ai pas le souvenir d'autre chose que ces deux mots-là dits en français, comme un pas dans ma direction contre mille des miens dans la sienne. Ces deux mots racontaient l'effort de ma mère de n'être pas qu'algérienne, ou que femme ou que mère, mais d'être plus que ça, un mouvement.

Elle déchirait une carapace qui, croyait-elle, la protégeait des autres, mais qui la protégeait d'elle. Elle se faisait peur et craignait les secousses qu'elle-même provoquait. Elle était terrorisée par ces envies d'être ce qu'elle n'était pas : amoureuse, belle, instruite, célibataire peut-être, salariée, bavarde, que sais-je. Toutes ces envies réprimées au nom de Dieu ou de ce qu'en avaient fait les hommes. Sûr! Quelque chose chez elle s'était éveillé très tôt et aussitôt étouffé.

Elle en crevait de montrer sa capacité à embrasser plus qu'une nationalité, un territoire, une histoire à laquelle j'appartenais pas. Elle m'intégrait enfin dans un espace plus large. Un espace qui nous offrait la possibilité d'une langue commune et de la place pour les sentiments. Elle s'accordait le luxe de choisir. Avec ces deux mots en français, elle montrait qu'elle pouvait vaincre.

En tout cas là, elle transgressait sévère, que j'en étais tout chose, car "parler français" vous entachait l'âme, sabotait l'entrée du paradis.

Elle affirmait une volonté de femme presque libre.

Non contente d'avoir prononcé deux mots en français, elle s'affranchissait de deux mots qui parlaient d'amour et pour moi c'était le jackpot. Après le baiser de Momo et Bija, le "mon chéri" de ma mère m'intronisait.

— Ça y est! On est civilisés!

Puis ma tête coincée sous son coude s'est libérée et là, à quelque dix mètres, Sami et Momo me tendaient deux majeurs démystifiants. Ils étouffaient des rires en singeant deux mollusques qui s'enlaçaient.

— Maman je t'aime.

— Oh mon chéri qu'a eu son bac je l'aime aussi.

— Maman bisou.

— Oui mon chéri bisou bisou.

Je me doutais de la teneur du sketch et leur envoyai, bien que la tête dans l'étau, deux majeurs iconoclastes, je veux dire humidifiés de ma bouche "baccalauréale".

Elle ne lâchait pas l'étreinte, la bougresse, elle se donnait de son plein gré, ça virait à l'inceste. Il fallait qu'on nous voie. Ce détail m'avait échappé et le sketch des deux petits cons continuait de plus belle.

On offrait à toute la cité un spectacle rare. Une femme et son rejeton enlacés, et commençaient à se faire entendre discrètement des "beurk", des crachats, des formules consacrées…

— *Stafellah* (traduction : puissions-nous être épargnés par ces saletés-là).

D'autres mines paraissaient plus émues.

— *Meskina*, elle perd la tête.

— Ben oui, un bac c'est quelque chose, moi je dis qu'elle l'a mérité.

— Tu vas voir maintenant il va la faire marcher sur la tête.

Bien que gêné au plus haut point, je voulais que ce spectacle dure, que maman profite d'un moment de gloire qui était le sien, moi j'avais depuis mes années de lycée relativisé l'intérêt d'un tel diplôme. Démythifiés, les métiers d'avocat, d'ingénieur ou de médecin : je voulais simplement exister.

Vers les dix-huit heures, mon père est arrivé. À peine franchie la porte que mes sœurs lui sont tombées sur le paletot :

— Magyd il a eu son bac!

— Bien sûr qu'il l'a eu, moi je croyais qu'il l'avait déjà. Tous mes enfants auront leur bac aussi vrai que je m'appelle l'Hachemi.

— Ouais c'est ça, a dû marmonner la daronne.

Façon de dire : on voit que c'est pas toi qu'as porté la misère.

— Quoi? T'as pas honte, c'est les meilleurs enfants de la cité.

— Eh ben je te félicite.

— Allez tais-toi et fais-moi un café.

Je suis sorti de la chambre pour l'embrasser.

— Tu vas être docteur… ou ingénieur, non avocat.

— Oui papa.

— En attendant samedi on fait la fête…

— Avec quoi? avait répondu ma mère.

— Ta guil! (Ta gueule)!

C'était son invariable réponse quand il était à court d'arguments. Puis il a ajouté d'un ton plus discret :

— Docteur Cherfi! Tous à genoux qui vont être, *inch'Allah*, c'est écrit mon fils, tu seras docteur... ou ingénieur.

Et moi de grogner :

— Putain, voilà deux métiers que je peux pas saquer! Mais qu'est-ce qu'y z'ont les blédards avec cette fixette... Et plombier ça insulte l'intelligence, c'est ça?

J'ai toujours connu mon père sous des jours positifs. Tout ce que ma mère contenait de grave papillonnait chez lui d'un pétale à l'autre. Jamais il n'avait ouvert un bulletin scolaire ni vu le moindre professeur. Maman l'avait disqualifié, il s'en arrangeait bien. Il partait le matin gamelle garnie, le cœur léger d'avoir à accomplir une tâche à sa portée, et ça lui suffisait. Contrairement aux autres maçons à moustache il revenait aussi léger, un chant de chaâbi dans la bouche. Jamais il ne s'est plaint d'avoir été maltraité. Maman l'apprenait par ailleurs et lui n'a jamais fait que répondre : "C'est rien."

Maman pensait "c'est déjà ça" qu'il ne se plaigne pas. Juste il pétait des plombs quand elle lui plombait le conduit auditif d'un tas de : "Ils travaillent pas."

Et mon frère aîné collectait les baffes à notre place. Mon père, comme qui dirait, il était là. Heureux d'un foyer, d'une femme dont il disait que c'était la meilleure cuisinière, en vérité parce qu'elle cuisinait et qu'aucune autre femme ne l'aurait nourri s'il n'avait pas été son mari. Il l'a crue la meilleure parce qu'elle garantissait la bonne marche du convoi, la gamelle et le tout-venant administratif mais aussi parce qu'il mangeait chaud, qu'il était propre et en bonne santé et qu'elle confirmait le statut de son sexe.

Je n'ai jamais haï cet homme qui n'a été qu'un étonnement sur pattes, une blessure verticale guérie par notre simple présence.

Chacune de nos naissances effaçait la douleur d'un deuil. Il m'a exaspéré souvent par sa naïveté mais sa présence continue dans les limbes nous a épargné le joug, la classique oppression des pères fouettards. Il était là comme j'aurais dit "il était pas là". Nous, il nous suffisait d'être en bonne santé pour qu'il nous aime, comme on admire l'arbre qui donne un fruit au printemps.

Il aimait qu'on lui soit agréable et mes sœurs, mes frères et moi n'avions pas l'idée de lui pourrir la vie. Il rentrait, réclamait le silence, se saisissait d'un Teppaz et s'évadait sur des airs de Slimane Azem ou de Salah Sadaoui. Il était pieux comme l'aveugle s'arme d'une canne, ça l'aidait à tracer sa route en laissant la responsabilité du destin à quiconque habitait dans les cieux. Pour lui c'était Allah, va pour Allah. Son Coran nous allait, il était farci de bonne humeur, d'espoir, de lendemains à l'estomac garni et cette tendresse au fond des yeux qu'était la gentillesse faite homme.

Une anecdote illustre parfaitement sa façon de croire et de nous convaincre du bien-fondé de son dieu.

Je devais avoir une dizaine d'années quand un jour de mosquée il m'a pris sur ses genoux et m'a dit : "Regarde." Il a saisi un couteau dans sa main et a lentement fait glisser sur le tranchant le bout de son index.

— Tu vois ça, c'est le chemin qui va au paradis et il penche des deux côtés. Si tu as été méchant tu pencheras vers l'enfer et tu brûleras pour l'éternité. Si tu as été gentil il penchera de l'autre côté et là tu trouveras des montagnes de fruits, des figues, des melons, des bananes. Tu nageras dans des rivières de lait et il fera bon tout le temps.

J'en étais resté là et je crois que plus jamais je n'ai cru à l'existence d'un dieu.

Nous étions élevés ainsi pour être des béquilles, un prolongement du bonheur à venir, et je me proposais d'en être. Si j'avais su… Et je le dis aux frères : ne promettez jamais à vos parents d'être leur avenir.

Un peu plus tard à table, un de mes petits frères jumeaux a dit :

— Maintenant que t'as le bac, on va se faire péter la gueule ?

— Le premier qui vous touche, je lui arrache les yeux ! a hurlé ma mère en tapant du poing sur la table, et comme pour me rassurer elle m'a dit : Toi… Sois prudent.

Des regrets d'avoir eu mon bac ont séché ma gorge… un instant.

— Allez dépêchez-vous, y a de la famille qui va sûrement venir.

Elle avait pas fini sa phrase que la fratrie s'était volatilisée. En effet, dans l'heure qui a suivi des oncles sont venus avec femmes et enfants et moi, tenu de faire acte de présence, je me suis cogné ce que l'hypocrisie fait de mieux dans les travées populaires. Les tontons m'ont caressé les cheveux à peu près aussi sensibles qu'un peigne sur la tête d'un chauve, mes tantes m'ont baisé les joues et les cousins jeté le regard de la chouette sur la souris. Genre "On t'encule toi et ton bac".

En fin de soirée, maman a dit :

— Ils m'ont vidé les tiroirs.

— Maman, je sors.

Je lui parlais sur le ton de l'impératif et c'est elle qui désormais me suppliait de ne pas rentrer tard.

Elle a retenu je ne sais quoi de gluant dans sa gorge, juste je l'ai regardée plus longuement pour jauger sa promesse et j'ai disparu.

Je crois que je me suis dandiné comme un canard le long de ma rue Raphaël, sûr ! J'ai pas marché normalement, peut-être ai-je chanté *Urubus*, une chanson de Bernard Lavilliers.

Fin de matinée, j'ai rejoint mes deux lascars de potes sur "notre" banc.

J'ai fait :

— *Salam alikum.*

Samir aussi sec :

— C'est quoi ça ? Une crise d'identité ?

— J'exprime mes deux cultures.

— Commence par en cultiver une.

— C'est ce que je viens de faire.

Je pensais à mon bac fraîchement décroché, je les travaillais genre "je vous ai niqués les gars, des fois que vous auriez espéré que je me plante, v'là le bâton dans vot'cul". Vous savez, enduit d'huile de moteur…

Mais se sont pas laissé émouvoir, Heckel et Jeckel…

— Alors, on a son bac ?

— On prend le risque sodomite ?

— Mais c'est qu'il y prendrait plaisir.

— S'il faut c'est un pédé sans le savoir, ouais t'es un pédé qui s'ignore…

— Oui ! C'est ça… Tiens, je vais l'écrire.

Les deux m'ont lâché d'une voix :

— Non !… Fume.

— Non je fume pas.

Samir m'a singé :

— Non je fume pas, je bois pas, j'ai besoin de toute ma concentration pour écrire.

Je me suis levé et en ouvrant grands les bras, j'ai imité les acteurs aux grands gestes qui déclament du Shakespeare.

— Oui je ne bois pas, je ne fume pas, je ne baise pas... J'écris.

Momo dans la lancée :

— Nom de Dieu c'est mauvais.

— Quoi c'est mauvais?

— On dirait Galabru quand il est bon.

— Eh ben...?

— Ben c'est là qu'il est mauvais... Je sais! On va t'appeler Galabru!

Samir qui n'en attendait pas moins :

— Ouais Galabru! C'est bon ça, et en plus y a un air de famille. Y serait pas un peu kabyle, Galabru? Le vrai?

— Si, de petite Kabylie, a fait Momo.

— Vous croyez pas si bien dire, c'est mon oncle. Son vrai nom c'est Gallaberr (que j'ai prononcé en roulant les *r*).

— Ça y est, il y croit.

— Y fait sa crise d'identité, on l'a perdu... Magyd! Magyd! Reviens, c'est nous tes potes Momo et Samir, on est à la cité... Allez, rappelle-toi, c'est nous les trois pédés.

J'ai feint l'amnésie :

— Momo? Samir?... Hein? Ah oui. Ça y est, vous êtes les deux enculés qui me collent aux basques.

— Oui c'est ça.

— C'est les deux médiocres qui se prennent pour Staline et Fernandel.

— Oui c'est ça.

— C'est vous les deux petites merdes incapables d'apprendre mes textes et qui sont jamais contents des personnages que je leur propose, qui me font réécrire cinquante fois les mêmes dialogues.

— Oui, c'est ça!

— Les chieurs, quoi.

Ensemble :

— Oui!!!!

Driss et Tayeb, les deux microbes aux cheveux de paille, se sont mis à tourner autour du banc comme les mouches cherchant la merde.

— Hé Madj' t'as eu ton bac.

— Ouais.

— Hé tu vas gagner plein de lové.

— Ben ouais.

— Tu vas t'acheter une Merco? a demandé Tayeb.

— Heu non.

— Pourquoi?

— T'as qu'à te l'acheter, toi.

— J'aurai jamais les sous à moins de les tchourave…

— Et pourquoi tu veux les tchourave? Apprends tes leçons et passe ton bac!

— T'es fou! Moi j'suis un bourricot.

Momo et Samir ont fait :

— Oui! C'est vrai ça! T'es un bourricot, on en a la preuve.

Tout en continuant à tracer des cercles autour de nous, Driss a fait :

— Non sans déconner, on va au ski cet hiver?

— Oui, normalement.

— Mais pas à Bonascre, y a tout le quartier là-bas.

Ironiquement j'ai fait :
— Font-Romeu ?
— Non ça pue, on veut les Alpes.
— OK, j'en parlerai au maire.

Dans un éclair ils ont disparu, le ronronnement d'une BMW avait fait son effet. C'était Mounir qui crut bon de stationner là, sous nos yeux. Parole, on devenait le feu rouge de son circuit.
— Salut les trois pédés.
On a agité des bras pas convaincus tout en déféquant dans nos frocs. Une peur réflexe et légitime a pris place dans nos sous-vêtements.
Bien sûr, depuis quelque temps les choses s'étaient apaisées entre les deux camps. Le soutien scolaire que nous avions mis en place s'avérait utile à tous et les familles les plus hostiles rappliquaient pour sauver des mômes qui prenaient déjà l'eau. Une paix entre les frères ennemis se faisait jour à pas de fourmi, une lassitude pour les uns à donner des baffes et pour les autres d'en recevoir.
Mais là, devant ce banc, la mémoire a mis en marche un quelque chose d'une alerte, le souvenir des gifles qui partaient quand il n'y a pas si longtemps on s'asseyait cinq minutes avant d'aller, Momo, Samir et moi, parfaire notre conjugaison chez les sœurs.
Le méchant Mounir s'adressa au gentil Magyd, bachelier de son état :
— Magyd ! Viens voir.
Il venait de prononcer mon prénom, en entier ! Ce qui eut pour effet chez moi un gonflement de poitrine rengorgé. Me suis approché, de la voiture, Saïd a tiré le premier :
— Hé t'as le bac, *bsahtek* !

— Ouais merci.

— Hé tu vas être avocat ?

— Heu… éventuellement.

— Éventuellement… Hé t'es pas encore à la fac, alors parle bien.

— Non mais peut-être…

— Y a pas de peut-être, tu vas être avocat mon frère, pour nous défendre.

À l'arrière du véhicule, Fred tirait sur un joint et, le regard éteint, a fait :

— Y a pas d'avocat arabe, tu vas casser la baraque.

— C'est vrai, a répondu Mounir, tu vas être le premier avocat reubeu de toute la France.

— Tu vas faire des sous, frère, des Arabes en zonzon y a que ça, y vont te manger dans la main.

Mounir, qui réfléchissait en même temps qu'il parlait :

— Je vais m'occuper de toi. Je te trouve les clients et tu me lâches un petit pourcentage… Hé, t'es toujours amoureux de ma sœur ? Je te la donne.

On s'était attablés Momo, Samir et moi dans un coin de la salle des fêtes. C'était l'heure de la grande pièce que je devais écrire et qui devait changer la face de… je ne sais plus quoi.

L'eau à la bouche, Agnès, Bija, Hakima, ma sœur Fouzia et son inséparable Hasnia, Hélène attendaient impatiemment que je commence la lecture. C'était le jour J, enfin j'allais dévoiler la teneur de la pièce promise et tant attendue, chacune croisait les doigts comme devant la "révélation". Chacune attendait qu'on parle d'elle, qu'au moins cette pièce puisse dire des choses de leurs rêves d'Hollywood ou au contraire de l'impasse dans laquelle errait déjà un parfum de fin de parcours. Qu'importe, leur fallait du soufre pour naître ou pour mourir, mais cesser le sursis des anonymes.

J'ai commencé par la présentation des personnages :

— C'est une pièce à trois personnages, deux jeunes hommes, un peu urbains, on comprend qu'ils sont fils d'immigrés, le premier a un look rock'n'roll façon Jim Jarmush, imaginez le film, imaginez Tom Waits et John Lurie dans *Down by Law*; le troisième personnage est une fille… vraisemblablement française, genre Bardot en…

Tout de suite Hakima m'a interrompu :

— Française… française?

— Oui, gauloise…

— Pourquoi?

— Oui pourquoi? a insisté un chœur de filles.

Un premier froid a paralysé l'assistance, partout l'étonnement, la perplexité.

— Qu'est-ce qu'y raconte?

— Y débloque.

J'ai continué :

— Elle s'appelle Betty.

Ça a aussitôt congelé l'air, c'était presque l'effroi.

— Betty? Kézako?

— Bon, on l'imagine très belle et elle demande à deux copains, les deux personnages précités, de l'aider à déménager et tous les deux sont amoureux d'elle.

— Évidemment, a fait Hakima.

J'ai laissé traîner quelques secondes qui montraient mon agacement et j'ai répété :

— Donc, elle est française, elle est belle et demande qu'on l'aide. Les deux bien sûr acceptent et découvrent qu'ils sont amoureux d'elle.

— C'est tout? a interrogé Hélène.

— Ben oui, sinon je vous lis toute la pièce.

Les filles se sont regardées interdites, dégoûtées. Et chacune de vider sa bile :

— Mais… Le truc qui tue?

— Oui, tu nous as dit un truc qui tue, arrête avec tes blagues à deux balles.

— Bon, je peux lire?

— Oui, lis, mais pas cette histoire d'amour à la con.

— Tu lis pas ça, a renchéri Hélène.

— On veut la vraie pièce, pas ça!

J'ai laissé fuser un tas de commentaires énervés.

— Oui, c'est une histoire d'amour et alors?

— Pourquoi qu'elle est pas arabe, ce serait pas plus logique?

— Oui, pourquoi elle est pas arabe?

— En tout cas y a pas de rôle pour nous…

— Moi je joue pas le rôle d'une Française, c'est bon… Il est pourri, ton rôle.

— Si si, moi je le veux!

— Si on joue pas, on fait quoi, nous?

Hélène a répondu :

— Des tartes.

Comme un seul homme, Hakima et Bija ont disparu à grand fracas. Momo et Samir ont pas moufté. Ne savaient pas non plus si je la jouais deuxième degré. Ils étaient estomaqués, pointés du doigt à leur tour comme complices de la dernière trahison du jour.

— C'est quoi cette blague de mecs de merde? marmonna Agnès.

— Samir, Momo? Dites quelque chose, c'est quoi l'explication?

— Attends, moi j'suis au courant de rien…

Samir a fait :

— Il blague.

— Il blague? Quoi? Y a quelqu'un qui rit, là?

— Magyd, tu blagues? Allez, sors-nous le truc qui tue.

— Mais c'est ça le truc qui tue.

— Quoi? Deux clowns habillés en rockeurs et une pétasse blanche? Arrête.

— Ben oui, ça pue ton histoire.

— Magyd !

— Madge !!

Je mesurais l'étendue des dégâts, presque je trébuchais, emporté par un tourbillon que je n'avais pas prévu. J'étais soudain saisi d'affolement. Un ouragan me secouait comme un prunier. Bientôt l'effroi dans ma cervelle en feu : mais qu'est-ce que je suis en train de faire ? Qu'est-ce qui m'a pris ? Je savais plus où j'en étais. J'avais promis un truc, entre-temps oublié que j'en étais plus là comme un prophète qui apporte la nouvelle, j'avais oublié l'attente intenable, le poids du pacte. Jusqu'au dernier moment je bénéficiais d'un sursis et certainement elles auraient absous l'absurde et se seraient résignées, mais il restait des oripeaux d'orgueil. Comme Momo face à son jury, fallait que ma chute atterrisse dans quelque fond du plus profond. Maudits soient les jurys.

Alors, désarçonné, j'ai feint la colère pour masquer la gêne, en vérité le désarroi.

— Je comprends pas, je vous ai parlé d'une pièce de théâtre, pas d'un atelier théâtre, j'ai jamais dit que j'allais bâtir des rôles pour chacune d'entre vous ! J'y crois pas.

— D'ici à ce qu'il n'y en ait aucun, tu pousses le bouchon. On est pas à la Comédie-Française, on est en droit d'exiger un minimum de solidarité, hurla Hélène.

— Mais j'suis pas éducateur, merde ! Je suis dans la création, je fais pas dans le sociocu. J'écris puis on voit ce qui tient la route.

— Connard, a fait Hélène.

C'était son premier gros mot à mon endroit.

— On est pas tes cobayes, merde ! a dit Agnès, littéralement abattue.

— Enfin Agnès, c'est pas toi qui disais "sortons des petits projets de quartier, faut montrer que les quartiers ont du talent"? Ben c'est du talent de quartier, tu t'attendais à quoi? D'abord c'est quoi ces sornettes "les quartiers ont du talent", les quartiers sont les quartiers, prenons-les comme ils sont.

— Et comment ils sont?

— Ben, là, comme on est nous.

Hélène a rougi :

— Oui c'est bien ça, on vous fera des tartes pendant que vous répétez entre mecs.

Un long silence a suivi, d'un côté deux connards à bout de nerfs, de l'autre des filles révulsées.

Puis Hélène encore :

— C'est ça la pièce que tu aurais dû écrire… Un connard choisit deux copains et une inconnue pour jouer dans sa pièce et les copines qui partageaient tout dans sa vie sont mises hors jeu, alors elles lui demandent pourquoi aucun rôle ne leur est attribué.

Momo s'est aventuré :

— Mais une œuvre d'art, c'est de la fiction…

Agnès, écœurée :

— J'en ai rien à foutre de la fiction. C'est quoi ce concept de bourgeois de merde! La fiction de croire que t'es le nouveau Raimu! Pour de la fiction, c'est sûr, c'est de la fiction… Et l'autre, là, le beau gosse (visant Samir) qui veut changer le monde… Et toi Magyd, alors toi c'est le pompon. Pendant que tu te masturbais sur ta pièce, qui c'est qui recopiait tes cours? Qui t'avertissait les jours de contrôle, qui a menti à ta mère, au proviseur, à tout le monde et tout ça à mes risques et périls?

Elle est sortie en claquant la porte avec un "connard!" supplémentaire. La situation m'échappait, j'en revenais pas d'être traité de la sorte. L'impression de coups de pied au cul qui me faisaient descendre des escaliers quatre à quatre. J'entendais "Un mec ça reste un mec, cassons-nous les filles". J'avais mal d'être remis à ma place et dans le rang à égale hauteur de quiconque. Mon égoïsme montrait sa vilaine face et le plus dur, c'était d'accepter cette laideur de l'âme. Je leur faisais le coup de "Momo". Je trahissais les filles à mon tour.

Agnès jusque-là subissait mes humeurs, obéissait à mes injonctions, bref me suivait et là, elle parlait vrai. Fini le bachelier des légendes d'en bas, elle s'adressait à un quelconque quidam, déchirés le mythe et le contrat de confiance. J'y donnais presque l'occasion d'être elle, d'exister, d'être autre chose qu'une "obéissante", et on se demande ce qu'on préfère chez les proches, de l'allégeance ou de la révolte. Dans l'allégeance on est roi de la tribu, dans la révolte on est déchu mais là, je n'ai pas détesté que ma couronne tombe. Mon stratagème volait en éclats à son tour.

— T'es un con-nard.

Ce mot séparé en deux syllabes distinctes pesait plus lourd, donnait plus de poids à chaque lettre. C'était le quatrième "connard", il m'a soulagé, cette fois. Depuis toujours elle s'était vouée à mille subterfuges pour que les filles puissent aller au cinéma, voir une pièce de théâtre ou un quelconque spectacle vivant. À l'occasion, c'est l'appartement de sa mère qui servait de salle des fêtes pour un anniversaire, ou de dancing. Elles écartaient les meubles et hop ! C'était parti pour deux heures de chorégraphies frénétiques. Toute sa vie palpitait dans ce ring du droit à être libre, d'être femme et d'y croire.

Elle se sentait scellée au sort de la cité, ça colmatait un je-ne-sais-quoi de béant dans lequel j'osais à peine jeter le moindre regard.

Je ne l'avais jamais entendue dire non, ou hésiter une seconde à me rendre mille services. En retour j'avais oublié qu'elles attendaient plus que du jeu, ce qu'elles voulaient, c'était exorciser.

— Dis-nous comment on va finir.

Au lieu d'une réponse, je me retrouvais à courir à perdre haleine et dans l'obscurité derrière Agnès avec des "eh merde" plein la bouche. Je regrettais amèrement d'avoir fait illusion, d'avoir joué avec le feu, de m'être montré sous des jours capricieux, imbu de ma personne, et tout me revenait sur les promesses d'un pamphlet historique et d'une grande première où tout le quartier serait invité.

J'ai couru comme un orphelin cherche sa mère, couru comme un enfant affolé sans ses jouets, un enfant gâté qu'avait besoin de sa nounou pour un câlin.

Fini l'auteur, finis le gentil grand frère, le mec cool, l'épaule, le protecteur, le bon copain. J'étais simplement un mec un peu menteur, un peu vantard et, pire, gâté…

J'ai retrouvé Agnès qui giclait sa morve contre un platane. Que faire ? Quels mots frelatés prononcer ? Quel crédit encore disponible pour remettre les compteurs à zéro ?

Une chose, se taire pour évacuer la mélancolie des rêves inaboutis.

— C'est ma faute, je suis trop naïve, après tout t'as le droit d'écrire ce que tu veux, je m'en veux d'avoir cru que t'étais là à notre disposition, de t'en avoir tant demandé. Je m'en veux, je m'en veux, je m'en veux ! T'avais pas à être à notre disposition.

— Mais je suis à votre disposition.

— Arrête de dire n'importe quoi ! T'es pas sur commande, t'as pas une espèce de dette… envers qui d'ailleurs ? T'es pas responsable de l'itinéraire des filles qui sont pas gâtées par la vie… T'as beaucoup donné, on a tous des limites, c'est aussi bien comme ça. Faut qu'on redescende… T'es pas le messie, merde !

— Quoi le messie ! Personne a dit que j'étais le messie.

— Mais si !

— Messie ?

Ça nous a fait rire, un très court instant.

— Tu vois, j'en ris déjà. T'es pas n'importe qui, Madge, tu le vois bien ou tu fais semblant… T'es le seul qui tient debout. Tu vas pas porter en plus de tes rêves ceux de tous les autres ? T'as beaucoup fait déjà.

— Et alors ?

— On est arrivés au bout, tu vas quand même pas jouer le sauveur toute ta vie, faut que tu te concentres sur toi. L'année prochaine t'as la fac, et moi aussi d'ailleurs.

Le sauveur, le mot était lâché. C'est bien ce que je reprochais à Momo et, comme un boomerang, tous ces reproches venaient me rebondir en pleine face.

— Excuse-moi…

Elle a dit ça comme une échappatoire. Le besoin sans doute pour elle de souffler et de s'occuper d'elle-même. L'air de rien, le doute s'immisçait aussi chez elle du bien-fondé de sauver le monde. Les filles n'enregistraient pas l'interrogation de soi mais le paraître menteur d'un corps flatté de néons, d'un rêve auquel elles n'attachaient en vérité pas tant d'importance.

Lire la défaite chez Agnès et Hélène, c'était le comble. Les décevoir était ce que je redoutais le plus au monde, je décevais définitivement. J'avais la vie laide, sans goût. Je chutais par l'endroit qui devait m'auréoler. Je voulais prouver qu'on pouvait être fils du pauvre sans que ça traduise l'obscurité faite maison, je n'avais fait qu'éclairer la grotte à la bougie.

Le lendemain et le surlendemain c'est après Hélène que j'ai couru pour m'excuser, des "pardon" plein la bouche, et pour me soulager elle atténua les conséquences à venir en échafaudant des futurs raisonnables, des défis surmontables, le train-train au lieu d'une place dans la fusée :

— On fera autre chose, tu verras. (L'air de dire quand t'auras éteint ton ego.)

Mais je sentais qu'il fallait régler l'ardoise.

La veille encore j'en bavais de les embraser à n'importe quel prix, porté par la simple gymnastique de l'autopersuasion. J'avais cramé ma terminale, failli rater mon bac en passant des heures au Boulis pour que la pièce existe, mais rien n'était venu qui soit transcendant. Pourtant aucun signal ne m'a mis en garde, j'étais sourd aux alertes de toutes sortes.

Toutes ces années, je n'avais jamais libéré que les voiles d'un rafiot longeant les côtes. Ça suffisait au bonheur de tous et chacun se voyait voguant, mais sans perdre de vue la terre toute proche. Là je m'étais cru au large, en vérité j'avais même pas embarqué.

J'ai marché rejoindre mes potes sur le banc attitré où j'étais sûr de les trouver. J'ai marché lentement, presque consolé d'avoir ouvert les yeux non pas sur la médiocre idée de n'avoir pensé qu'à mes potes mais de savoir qu'on attendait de moi quelque chose de "grand". C'était presque un soulagement qu'on attende de moi l'énormité. C'est donc que j'en suis capable ? Mais une délivrance aussi qu'on me remette à ma place.

Je me suis affalé, z'avaient entamé un petit quelque chose conique qui ne les empêchait pas de me tricoter comme si j'étais pas là. Momo a ouvert son bec le premier :

— Qu'est-ce qu'il a pris dans sa gueule, Walter Hugo ! J'ai rien compris.

— Comment ça t'as rien compris ? T'y as demandé d'écrire une pièce pour toi, c'est ce qu'il a fait, lui a répondu Samir.

— T'as écris une pièce pour moi ?... N'importe quoi, ça c'était une pièce pour l'asso, pas vrai Madge ? T'as passé toute l'année à écrire des sketches avec les filles.

— Avec les filles... Mais qu'est-ce qu'elles savent de ce qu'il va garder.

— Je sais pas mais qu'est-ce que t'as pris, frérot ! Moi à ta place...

— Qu'est-ce t'aurais fait ? Rien du tout.

— Mais ta gueule ! Tu trouves ça normal, toi ? Tu te casses le cul à écrire et avant même que tu lises on te dit c'est pas bon... Pas vrai Madge ?

— Tu comprends rien, frère, a lâché Samir, elles attendaient "Gervaise", elles ont eu "Betty", c'est pas le même objectif... Toi tu te prends pour Gérard Philipe mais t'es Mohamed, Hélène et Agnès elles veulent défendre des idées, des idées... Ça te parle ?

— Quelles idées ?

— Ce qu'on fait tous les jours, le soutien scolaire, les cours d'alpha pour les mères, du lien, de la solidarité, une révolte… Tu connais ces mots ?

— J'suis d'accord mais on peut rigoler un coup, non ?

— On a pas les mêmes raisons de rire.

— Comment ça ?

— Je réexplique, t'as Coluche qui parle de la vraie vie avec ses mots et puis t'as Raymond Devos qui fait des jeux de mots, capish ?

— Et moi j'suis qui ?

— Pour l'instant t'es… t'es… Aaah je cherche, oui ! T'es un bougnoule…

Ils riaient, je ne les écoutais plus, je pensais à demain. Juste je tenais d'une main une aiguille et de l'autre tirais le fil qui allait raccommoder le tissu. D'un coup je me sentais moins triste, cette mise au point je la sentais salutaire, elle m'éclairait sur ce qui devait advenir : moi, un moi vrai.

— Hey Marcel, tu dis rien ? m'a fait Samir.

Et Momo de rajouter :

— Ouais, on les commence quand, les répètes ?

— Je vais te dire, on se fait oublier, on joue autre chose, n'importe quoi mais celle-là on l'oublie.

Je partageais la conclusion de Samir.

Au loin, un groupe d'ados injectés de fumée nous ont fait :

— Salut les pédés.

— Ben voilà… Y z'ont tout dit.

— *Vices de forme*, c'était un beau titre, a conclu Momo.

Ce soir-là je suis pas rentré chez moi, j'ai filé direct *via* les décibels, les révoltes sans cause et les névroses trois étoiles. J'ai chanté cette fois mon premier titre en français. L'étais-je enfin, moins, plus ? Pour la première fois le doute est resté dans sa cage et quand j'ai lu l'émerveillement dans les yeux de Bébert, dans ceux de Paul, de Thierry, j'ai compris qu'on tenait là plus qu'un répertoire, une identité dans laquelle ils se retrouvaient. Un quelque chose de concerné, teinté d'humour noir dont ils n'attendaient pas que ça soigne des plaies béantes, ni que ça résolve des doutes idéologiques, pas même une place au soleil. Après que j'ai laissé mes cordes vocales supplier des glaçons de leur apporter quelque réconfort, j'ai vécu un plaisir inégalé. À peine déglutie une canette sortie du four que je me suis senti adoubé. Puis ils m'ont demandé :

— Comment on l'appelle, cette chanson ?

— *Vices de forme.*

Je n'ai retenu qu'une syllabe en anglais : *Yeeees !!!*
Et je n'ai plus chanté qu'en français.

— Bon j'achète un mouton, décréta mon père.

— Oui, achète un mouton, lui avait répondu ma daronne sur un ton faussement hostile, en tout cas hésitant, car la parole de mon père baignait dans l'aléatoire, il se foutait de tenir parole, il laissait le soin à ma mère de réaliser ses lubies à lui, de tenir l'échéancier de ses improbables promesses. Tant pis, pour une fois elle le laissait divaguer, envisager des fiestas tout aussi farfelues les unes que les autres.

Elle dandinait, la garce, mon bac lui avait redressé la colonne vertébrale. L'air qu'elle respirait entrait jusqu'au plus profond de ses bronches. Son geste de lavandière était aérien, sa parole légère. Elle allait et venait, astiquant la poussière comme on picore des mûres accrochées sur la muraille. C'était une femme nouvelle qui époussetait vingt années sans sommeil où vigie elle surveillait le mien. J'étais son fils et, disait-elle, c'est pas vrai qu'on en a plusieurs. Bien sûr on aime tous ses enfants et la bienséance veut qu'on prétende les aimer tous, mais non. C'est en cela qu'elle dominait ses voisines. Elle prononçait le mot *toz* (pet). Elle m'avait choisi moi parce qu'elle était prête. J'étais simplement arrivé à l'heure du rendez-vous, pas une minute avant ni une après. C'était pas une coquetterie.

— Les enfants naissent tous laids, disait-elle, parce qu'ils sont de la souffrance d'abord. Celles qui vantent le plaisir d'être enceintes sont des "imbéciles".

Elle ne m'avait pas sélectionné au gré des humeurs ou en fonction de la largeur du crâne. Juste, j'avais débarqué au moment de la synthèse. Après qu'elle eut réuni une somme incalculable d'additions qui ouvraient à de possibles conquêtes. J'arrivais au moment propice. Les femmes ont leur moment, des moments musclés, elles se sentent prêtes ce jour-là et pas un autre. Elles se sentent disponibles à des résolutions vitales. Des fois jamais.

Elle se dépoussiérait l'âme en soufflant des "j'y suis arrivée! Que celle qui prétend faire mieux se lève".

On la sentait prête à rendre coup pour coup à toutes celles qui riaient sur son passage. Elle attendait armes à la main ses invités. Elle comptait ses familles, mon père les siennes, et comme il devait, lui, porter la nouvelle de moustaches en moustaches, elle faisait le compte…

— N'oublie pas les Benguelaoui, les Chanane, les Benhamou et les Chériki.

— Les Chériki?

— Les Chériki.

Mon père s'en battait les noix de sa sélection, ce qu'il voulait, ce qu'il aimait, c'était jouer l'hôte. Faire le "beau". Il fallait qu'il étale son bonheur comme les quatre as au poker. Il portait cet étonnement, être heureux d'être vivant et par ricochet il nous insufflait une certaine gaieté d'être.

Dans le bus qui me ramenait à la niche, des voisins me félicitaient en arabe, félicitations hypocrites. *Mabrouk* par-ci, *mabrouk* par-là, que Dieu te donne tout ce que tu souhaites mon fils, que les anges te mènent vers des contrées de miel et que toujours l'eau pure étanche ta soif. Je m'étais dit : C'est beau la langue arabe, comment se fait-il que ce peuple se soit à ce point encombré de tabous ? En même temps une pensée : une hypocrisie aussi bien entretenue mérite d'être langue de France. Bon, les Français sont moins emphatiques, z'ont moins de dithyrambes pour un bac. Les contrées de miel, mon zob ! Nous au moins on sait reconnaître l'effort titanesque, la démesure d'un tel projet. Je croyais pas si bien dire.

Je suis rentré à la maison sûr d'une caresse maternelle, d'une félicitation, d'un quelque chose de bienveillant, quand mon nuage a éclaté au-dessus de la porte.

— C'est quoi ce mouton ? ai-je hurlé. Maman ! C'est quoi ce truc !

— Ton père est fou ! J'y peux rien, il a invité la moitié du quartier.

— Je t'avais dit de faire gaffe, tu vas voir je vais me faire casser la gueule.

— Un qui te touche et j'y fais manger son foie.

La garce avait cautionné la méga-fête, lâché les cordons de la bourse et poussé à la démesure.

— Il faut que tu l'arrêtes, maman, c'est la honte, où t'as vu qu'on fête un bac au mouton ?

— Mais bien sûr ça s'est jamais vu, t'es le premier bac des Arabes ! Sois fier !

— Non, je suis pas fier.

— Eh ben va lui dire, à ton père.

Je n'avais jamais trop parlé à ce menhir, je passais mon temps à le deviner à travers son amour de la musique kabyle, son bonheur de nous savoir là en pleine santé. Maman masquait l'enfer du quotidien et il prenait pour argent comptant le tableau sympathique d'enfants joufflus roulant sous la table ou dévorant le fond de sa gamelle gorgée d'huile et de poivrons. Je le regardais nous admirer, heureux qu'il ne nous ait jamais terrorisés ni comme d'autres obligés à l'allégeance qu'on doit au saint père. Il avait en horreur les simagrées de chez nous qui font baiser le front du paternel ou la main de la mère. Je ne l'ai vu s'agenouiller que devant Dieu.

À l'instant de ma colère, je le bénissais de ne pas avoir fait peser sur nous la nostalgie de je ne sais quel ancêtre ou le mythe de je ne sais quel pays extraordinaire. Même Dieu, il se l'était gardé pour lui, nous proposant juste une idée facultative de l'éternité. Simplement, il ne causait pas. Il n'était père que parce qu'il faut bien le devenir un jour. J'imagine aujourd'hui, quelque trente ans plus tard, qu'il aurait préféré vivre vagabond, libre sans autre contrainte que les commandements de l'au-delà. Je l'imagine en troubadour peinard, irrigué de musique comme l'étaient les figuiers de son enfance. Comment parle-t-on à un père qui parle une autre langue que la vôtre? Comment parle-t-on à un pauvre quand on est riche de regrets? Comment lui dire que je refusais de la façon la plus catégorique quelque cérémonie qui mette en valeur une réussite qui frôlait plus l'incident de parcours que la confirmation d'une ascension programmée.

Alors plutôt que d'aller vers lui j'ai tourné les talons en m'arrachant la peau du crâne Et bing!

— Hein? Vous êtes là?

Je suis tombé sur Hélène et Agnès en pleins préparatifs de mon couronnement, portant soupières et casseroles d'aluminium. Les garces, complices de ma mère, l'avaient fait basculer dans le complot. J'imaginais ma sœur Fouzia jouant les intermédiaires de luxe. D'ailleurs, Hélène m'a dit tout de go :

— Écoute, si c'est une coutume je vois pas le mal.

Je me suis penché sur son oreille pour pas éveiller de soupçons :

— Comment ça une coutume? Combien t'as vu de Reubeus fêter leur bac? Une coutume! Enfin, Hélène où t'as vu que fêter le bac était une coutume? Tu l'as fêté, toi, ton bac?

— Non.

Je l'ai prise à part, je tenais à quelques dernières vérités.

— Et tu me dis non, en plus! Tu veux que je te dise, je trouve ça humiliant. Pour un Français t'aurais trouvé ça normal qu'on n'en fasse pas des tonnes, mais là tu considères qu'on peut faire claquer les feux d'artifice tellement c'est miraculeux, tu veux que je te dise! C'est de la condescendance. De la condescendance de merde! J'suis français moi aussi, j'ai le droit de mépriser les médailles.

— Tu dis n'importe quoi, j'en ai rien à foutre de ton bac, figure-toi qu'il te dépasse, ce bac, j'y peux rien si ça fait respirer ta mère, pas ma faute si tu représentes un truc plus important que toi-même, assume-toi mon vieux. Oui j'estime que c'est un symbole qui mérite d'être fêté, t'es le premier bachelier de la cité, c'est important, j'y peux rien, ta famille a besoin que des choses soient réussies, ça, ça les fait avancer. Pense à tes sœurs. Ton petit ego de merde fourre-le-toi où je pense.

Pas le temps de déglutir l'ego en question que mon père m'a fait :

— Viens !

J'ai pas moufté, il m'a tendu un couteau, a soulevé l'agneau et l'a bloqué, un pied sur les pattes déjà ligotées et son genou sur le cou du pauvre animal. Il m'a indiqué l'endroit de la patte que je devais immobiliser, a pris ma main et l'a plaquée sur la jugulaire. J'ai fermé les yeux le temps d'un "au nom d'Allah car il n'y a pas d'autre dieu que Dieu", ai ajouté *"bismillah"* et encore un "Dieu puissant et miséricordieux" et le couteau s'est enfoncé dans la gorge de la bête ahurie. Quelques secondes encore et l'animal s'affaissa tout à fait. Top départ était donné pour la grande cérémonie du bac.

Une fois de plus Hélène m'avait remis les points à l'endroit convenu et j'oscillais désormais entre un "eh merde !" et une espèce de fierté rendue à mes parents. Ils allaient pouvoir courir le monde et annoncer la nouvelle, et tant mieux !

Écartelé, le Magyd, entre la honte si j'avais échoué et vu ma mère s'ouvrir les veines ou la honte de l'avoir et de déclencher dans les familles des parricides et autres sulfatages à base de crachats maternels bien inspirés dans la face de quelques fils indignes fâchés avec l'école.

J'ai pensé demander pardon par anticipation à chacun mais c'était trop tard, si je ne voulais pas fâcher ma rue, eh bien, fallait pas l'avoir, le bac!

Coup de bol, un soleil magnifique a coloré la cité de bleu. Papa a tendu un long drap pour séparer le garage réservé aux hommes et le salon débarrassé de sa grande table pour recevoir ces gentes dames.

Môme, j'aimais ce drap qui séparait les deux sexes, il traçait une frontière qu'enfant on franchissait allègrement, j'aimais cette impunité que l'enfance autorise, et j'aimais quand les hommes contre une pièce de dix centimes nous suppliaient d'aller avertir leur moitié d'un départ imminent. Oui j'aimais ce drap immaculé qui représentait pour moi deux paradis distincts, celui des hommes endimanchés, joyeux et bruyants, portés par une légèreté de vivre, et celui plus soyeux des femmes aux couleurs vives et parfumées à l'eau de Cologne d'Andorre.

Mes tantes arrivèrent les premières pour aider à la confection du couscous. En tabliers de circonstance, elles se sont retroussé les manches, ont ôté leurs bagues et entamé le roulé-boulé des semoules. Tante Adjila s'est mise à chanter des airs dont la mélancolie vous crevait le cœur, je comprenais juste *ammi* (mon fils). Genre de prière pour que le fils reste là, tout près, au chevet de l'inconsolable *mamma*. Elle a empoigné ensuite une derbouka et a poussé des chansonnettes plus gaies qui invitaient à tournoyer.

D'autres femmes sont arrivées. Les plus timides s'enfonçaient dans les coins pour ne plus en rajouter dans l'effusion de joie, d'autres plus hypocrites encore se sont jetées dans la danse. Bras ouverts et hanches haletantes, on aurait dit des bouées multicolores dans la houle d'une mer en furie. Ma mère qui n'avait pas déchiré sa bourse pour rien m'imposa la danse du ventre à ses côtés, je l'entendais me susurrer :

— Montre-toi imbécile, je veux qu'elles en pleurent des larmes de semoule.

Je me rappelle l'or scintillant au fond de la bouche, les tatouages en lignes verticales du bas de la lèvre jusqu'au menton et tout le long des bras une myriade de fausses perles accrochées à autant de bracelets, et le joli bruit des métaux dorés s'entrechoquant en clochettes lilliputiennes. De l'autre côté du rideau, trois oncles ont offert de mettre en place les couverts et de servir de transmission entre l'espace femmes et celui réservé aux hommes. Tragicomédie sicilienne de gens qui se croisent dix fois par jour et jouent les effarouchés un jour de fête. J'aimais ce théâtre d'ombres qui fait l'illusion du respect, du mystère et de la pudeur. Ô privilège des innocents qui croient l'exercice ici-bas annonciateur d'éternité.

Une trentaine de moustaches se sont attablées et les dominos ont claqué, sujet de conversation préféré, le tir aux pigeons favori : l'Algérie.

— Y sont tous corrompus.

— C'est des bons à rien.

— Pays de merde.

— L'administration ? Que des incompétents.

— Y a plus de famille, y a que des voleurs, y a plus de respect, y a plus de tradition, plus de religion…

Bref, un pays qu'ils se pressaient de rejoindre tous les mois d'août malles et remorques pleines à ras bord, sans compter les mandats injectés au rythme des allocations familiales et autres subsides d'État. Pour tous, l'incontournable projet de retour.

— J'en suis au quatrième étage.

— C'est tout? Tu traînes mon vieux, moi j'en suis au sixième et j'ai même fait venir le carrelage de Turquie.

— Eh oui, le carrelage algérien, c'est de la merde.

— Et le ciment? T'as essayé le ciment algérien? Pour que ça tienne, te faut mettre trois sacs dans une gâchée.

— Pays de merde.

Puis un voisin apostropha mon père :

— Hé l'Hachemi, quand est-ce que tu commences, toi?

— Moi je construis en France!

Il congela l'oxygène et le CO_2. Ça feignait l'indifférence et j'entendais des voix intérieures…

"Sale traître, à coup sûr il s'est fait naturaliser.

— Tu le savais pas? Il a les papiers français.

— Quelle honte! Dire que ses frères ont combattu pour l'indépendance.

— Et ils sont morts debout, eux, paix à leur âme.

— Ils doivent se retourner dans leur tombe."

Sur mon passage, les éclats de voix s'atténuaient, certains bonshommes témoignaient un zèle à l'odeur de fatigue, ceux-là me caressaient la nuque :

— C'est bien mon fils… *Mabrouk* pour ton diplôme.

Des doigts épais m'ont pincé la joue pour éviter d'extraire des paroles qui leur auraient écorché la bouche. Et à nouveau les plus loquaces :

— Alors ? Tu vas être docteur ou ingénieur ?

Et moi de marmonner :

— Je vous signale qu'il s'agit d'un bac A5 que j'étais à un fil de pas avoir, le bac A5 est une section de branleurs anars inaptes à l'effort. Est-ce clair ? Et qu'envoie droit dans ce noble service de l'État nommé ANPE.

Chez l'immigré moyen, il n'existe que deux métiers nobles quand on n'est pas maçon : docteur ou ingénieur. Deux métiers qui font la nique à tous les autres. On m'a aussi parlé de puits de pétrole, de débouchés dans le gaz et le phosphate ou l'irrigation maraîchère. J'ai entendu le mot cravate et le joli "costim compli". Quatre mots pour synthétiser le tout : diplôme, cravate, pétrole et mariage. Dans la cité, c'était le premier couscous légitimé par un bac. On voulait bien des circoncisions, des naissances et des morts, mais là c'en était trop, la semoule obstruait la trachée.

— Y respectent rien dans cette famille, voilà qu'on nous invite pour nous humilier en public, y a des limites à l'indécence, on a un Dieu, quoi ? C'est pas un bon musulman cet homme-là, il est guidé par son bon plaisir, c'est péché.

Un hadj a élevé la voix :

— Qu'importe le prétexte s'il est guidé par la joie, il n'y a pas péché lorsqu'on veut inviter à partager sa table, chez nous ça s'appelle la *sadaka*.

Et pan ! que j'ai fait dans ma tête, voilà pour vos gueules.

Papa, qui jonglait avec deux casseroles brûlantes, m'a fait :

— Viens m'aider, bourricot !

L'envie soudain m'a pris d'y rafraîchir la mémoire, hé dis donc je te signale que j'ai eu mon bac, alors va falloir changer de vocable ! Mais ça m'a fait du

bien de lui procurer autant de joie. Il flottait, le bon-
homme, et pour rien au monde j'aurais amenuisé son
bonheur. C'était son jour de gloire et le mien s'est
glissé sous son ombre. Quel plaisir de le voir revigoré,
de le sentir un peu plus important que d'habitude et
en même temps plus léger.

Samir et Momo se sont glissés entre deux chaises
que je leur avais réservées. Après de pénibles tracta-
tions, mon père m'avait dit d'accord. Leurs têtes de
faux culs ont dessiné des airs moqueurs.

— C'est la fête à Magyd, papa est fier et maman
fait du chocolat.

— Allez, asseyez-vous vite, j'ai négocié sévère.
(C'est moi qui invite, c'est pas ta mère, m'avait signi-
fié mon père.)

Samir, qui dessinait une couronne virtuelle au-
dessus de son crâne, a singé mon père :

— Bravo mô fils, ti sira inginniorr.

Momo n'était pas en reste :

— Nô, ti va l'êtrre doctorrr !

— C'est bon les gars, profitez-en parce que la souris d'agneau, elle va pas se représenter de sitôt.

— Oh, du Fanta !

— Il est de quelle année, mon cher ?

— C'est un 81.

— Hum bon cru, et le cépage, monsieur Magyd ?

— Hum ! a fait l'autre en se caressant l'estomac
en signe de gourmandise, ça c'est de l'intégration.

— Que pensez-vous de cette texture acrylique
mon cher ?

— C'est un bon cru.

— Que vois-je ? Oh du Tang, paraît que celui-ci
vous assèche les muqueuses, oh du jus d'Oasis là, je

conseille le mélange pomme-poire qui se marie bien avec le piment rouge.

Je les observais du coin de l'œil, et d'être au milieu de cette assemblée avachie mais rieuse, mes poteaux retrouvaient quelque chose de simple, être au milieu de la grande famille, redevenir des fils d'Algériens même un temps très court, des fils de la rue malgré tout, mais pleins du bagage d'Anouilh, de Flaubert, d'Hugo. Ils retrouvaient un parfum désuet de coriandre, de menthe, de viande et de piment rouge. Ils étaient chez eux tout simplement, en équilibre entre deux appartenances.

C'est là que Momo m'a tendu une lettre, c'était Bija. Elle m'expliquait qu'elle venait de prendre le train pour Paris. Elle s'était inscrite au Conservatoire et comptait bien apprendre le b.a.-ba de l'apprentie comédienne. Elle demandait pardon et jurait de ne rien chercher d'autre désormais qu'apprendre. Momo n'a jamais su que cette lettre avait été écrite sous ma dictée avec la complicité d'Hélène.

— Elle avait besoin d'air, m'a-t-il dit presque pour me consoler.

J'ai juste répondu :

— On en a tous besoin.

Tout en essaimant les corbeilles de fruits le long de la table, j'observais le manège de la voiture allemande et un je-ne-sais-quoi de courageux m'a mené droit vers eux. Mounir a descendu sa vitre passager :

— Tu nous invites pas à nous ?

— C'est mon vieux qui…

— Je sais, toute façon je peux pas le sentir, ton père.

— Je sais… Mais franchement moi je vous aurais invités, vous faites partie de la famille, on est de la rue Raphaël, j'oublie pas.

J'ai pas fait signe à Momo que je partais faire un tour, il m'aurait pas laissé partir, il avait fait le plein de vannes, ce soir se devait d'être "ma fête".

Ils m'ont pas revu de la soirée. Tant pis, j'ai juste eu sur le moment le pressentiment d'un rendez-vous à ne pas louper. Mounir avait des choses à me dire qui valaient l'or des livres. Demain je retrouverais sans doute Samir et Momo mais je me devais de clore le chapitre Mounir une bonne fois.

Dans la caisse, étrange sensation, je me suis senti en confiance, je me suis senti des leurs. Presque un bien-être m'a enveloppé, je retrouvais cet équilibre de mes deux appartenances. Damné de la rue avec eux et rescapé avec ma bande du théâtre.

On s'est attablés sous les arcades de la place du Capitole. Un soudain sentiment de force et de fierté m'a saisi, une envie de bouffer du Blanc, du raciste, du gras de riche. Je me sentais épaulé par du téméraire. La lettre et les poings, furieux mélange. Envie de déclencher une bagarre car la peur et la suspicion étaient lues tout autour de nous. Une folle envie de prendre la parole : Salut les rassasiés, on est pas contents de l'accueil et vous allez charger, on va salir vos veines, baiser à la métisse. On va pas calter de sitôt, on va même planter des parasols sur vos plages, prendre vos vacances… solder les retards de paiement…

Un rien spontané, Mounir a déclenché les hostilités :

— Qu'est-ce que tu fais avec ces pédés ?

— Qui ça ?

— Momo et la tarlouze de Samir y sont pas de ta trempe, frère, on voit bien que c'est toi qui tires le chariot, te fous pas de ma gueule, tu les protèges? Tu les protèges de quoi? Qu'est-ce qu'y t'apportent?

— C'est des copains.

— Des copains! T'appelles ça des copains? Tu crois qu'ils iraient se faire déboîter pour ta gueule?… C'est toi qui fais le taf. Eux y z'attendent que tu fourgues la came. T'es pas une pute? Je les ai vus sur scène, t'appelles ça des acteurs? C'est des bougnoules déguisés en Blancs.

Franchement, prends des Français si tu veux réussir, des gueules d'Arabes ça marchera jamais. Je vous vois en train de lécher les couilles au maire, aux flics, mais ils en veulent pas de vos gueules, où t'as vu des Arabes au théâtre? Toi y te veulent dans le quartier pour éteindre le feu. Pas bouger le bougnoule. Tu crois quoi? Nous c'est la prison, toi c'est le quartier, te fais pas baiser. Y t'ont donné des sous pour t'endormir, y connaissent la faiblesse des Arabes. Ton Hélène, qu'est-ce que tu crois qu'elle fait? Elle dévergonde les filles, elle leur dit cassez-vous soyez libres, dénoncez vos frères et après quand elles finissent dans le tapin y a plus personne frère. Moi, faut pas qu'elle s'approche de Samia sinon je casse tout… Non je rigole, le soutien scolaire c'est bien mais c'est tout. Le reste là, la danse, la chanson tout ça, ça fabrique des putes direct, rappelle-toi, frère.

Tu crois quoi, qu'on est des handicapés? Moi sur scène je les fais disparaître, et? T'as besoin de ces merdes? Un conseil : fais un truc mais fais-le seul.

Y m'a dit "fais-le seul", comme on ouvre la grille au taulard.

Et j'ai vu la lumière.

Maman m'a fait :

— T'as bu du vin.

— Non, du champagne.

— Du champagne, bon ça va.

J'aimais sa nouvelle élasticité religieuse, c'est ce que j'attendais d'elle.

— Va te montrer, allez va.

Elle me chassait cette fois, j'étais estomaqué, je suis presque sorti à regret.

Je m'étais dit je vais leur lâcher un truc extravagant, ils m'avaient attendu toute la soirée, mes vieux poteaux que j'allais quitter bientôt, et mon matricule allait chiffrer. Ouais ! Leur raconter ma balade avec Mounir et ses acolytes, autant que ça vaille la scène des scènes. Je souriais par anticipation, eux z'avaient déjà squatté le banc. On s'est salués classique.

— Salut pédé.

— Ça va les tapettes.

Samir a ouvert les hostilités :

— T'étais où ?

— Ouais t'étais où ? C'est ta fête et tu nous lâches au beau milieu du gué comme un pur enculé que t'es! On s'est cogné ta tarée de mère et tu sais comment qu'elle nous a appelés?

— Non?

— Les pintades! Non mais t'as vu sa tronche!

— J'étais avec Mounir et Saïd.

— Quoi, les deux invertébrés et la tache?

— Mais tu sais qu'ils n'ont pas de colonne vertébrale?

— Oui je sais.

— Pas de cortex, pas de cerveau.

— Oui je sais.

— Qu'ils ont macéré hors du placenta, dans le fécal qu'ils se sont développés.

— Oui je sais.

— Y en a même un qui est né sans cordon ombilical, en autonome et l'autre sans moelle épinière.

— Oui je sais.

— Bon alors? s'est agacé Samir.

— On est allés aux putes.

Silence.

— Ils sont allés aux putes, je les ai accompagnés. Ils sont restés sans voix.

— Oui quoi, on a atterri chez une pute et on s'est fait sucer gratos.

— T'es sérieux?

— Tout ce qu'il y a de plus sérieux, je me suis fait travailler le barreau et pis pas en amateur, elle m'a mastiqué comme à Hollywood… Et les mains derrière le d…

— C'est bon, pas besoin de tes détails… Tu m'écœures.

Momo pas en reste m'a fait :

— Attends, toi! Toi t'es allé aux putes?

— Oui moi, Magyd, je suis allé aux putes.

Il m'a fait signe de baisser d'un ton.

— J'y crois pas.

— Mais si, ils m'ont d'abord dit "on va fêter ton bac et puis on te paye les putes", t'aurais fait quoi, toi?… Je me suis dit, allez pourquoi pas.

Si Momo me mitraillait de son regard, c'est Samir qu'a semblé le plus révulsé. J'ai fait :

— Samir, tu m'as cru?

— Hein?

— J'y crois pas que tu me connaisses pas à ce point.

J'étais réellement effaré qu'on se soit si peu découverts après tant d'années collés les uns au cul des autres. J'en tirais presque un bilan de tous les désastres genre : mais qu'est-ce qu'on s'est raconté tout ce temps? Ou plutôt tout ce qu'on s'est pas dit de ce que nous étions vraiment. Samir, désorienté à son tour, a cherché l'embrouille :

— T'es sorti avec ces taches qui nous traitent de pédés, qui sabotent tout notre boulot, qui empêchent les filles de sortir et les mômes de venir au soutien scol…

— Justement, Mounir veut qu'on prenne Youcef et Oualid.

— Ses petits frères?

— Quoi, ces deux tarés?

— Mais vous voyez pas les gars que c'est une victoire? Vous êtes aveuglés par la haine, regardez le bon côté, la victoire que c'est pour nous!

— Quelle victoire? Tu veux t'occuper de ces "choses" mais c'est pas des humains, y savent que cogner.

Et Momo de rajouter :

— Pas question que cette famille entre au soutien scolaire!

J'ai réagi :

— Non mais ça va pas, je vous rappelle que le soutien scolaire, c'est pour tout le monde sans exclusive…

— Je te dis qu'ils y mettront pas les pieds…

Samir enchaîna un ton plus bas :

— Je comprends pas ce que tu leur trouves, tu cherches quoi? À te donner des airs de sauveur de racaille? Ces mecs, c'est tout ce qu'on n'est pas, faut être impitoyable comme eux, chacun ses armes, y a pas de dialogue possible avec les tarés. On fait quoi, nous, si tu deviens leur pote? On part ensemble au bord de la mer? Fais-les jouer dans ta pièce tant que t'y es!

— Puis on les sucera aussi, a rajouté Momo… C'est son côté poète maudit, y veut plonger dans les bas-fonds pour se rapprocher du peuple!

— Là on y est déjà!

— Il a trouvé plus profond.

— Qu'est-ce qu'il y a de plus profond?

— C'est un abysse qui s'appelle Samia! Samia! Samia! Tu comprends? Mounir, Samia! Samia, Mounir! Mes félicitations au beau-frère.

— Ah d'accord, on prend toute la famille, le frère, la sœur et les deux débiles, mais c'était pas fini cette histoire?

— Ben non! C'est ce qu'il a voulu nous faire croire, regarde-le notre poète, comme il est chagrin. Tu croyais quoi? Quand il était penché sur sa table, qu'il écrivait la saga de l'immigration? Mon zob! Le grand chef-d'œuvre de la banlieue il a cinq lettres, il s'appelle s-a-m-i-a!

J'ai senti l'amertume comme jamais, d'ailleurs Momo s'est lâché :

— La grande saga des babouins que tu vas écrire, la dynastie des mollusques à poils frisés. Ah il est beau le poète! Ça veut être tout, l'ami des filles, le confident des lettrés et le complice de la racaille. Ah tu le connais pas, le Magyd, tiens écris (s'adressant à moi), je vais te le faire le vrai Magyd "je suis le podium et la cave, la fleur et le fumier, le maître et l'esclave, la pluie et le beau temps, le tout et le rien".

Il a fallu que je tire sur le joint pour arrêter l'hémorragie verbale. Ils ont fait "oh!!!"

J'ai fait :

— Beurk, c'est du shit ça? Enfin, ça me mènera bien quelque part.

— À Narbonne, sûr.

On a ri puis on n'a plus ri. J'en avais soupé des jugements de valeur, de la posture, du mépris et du second degré. Plein le cul de l'érudition permanente. Il me manquait le va-et-vient, l'aller-retour des parvenus vers les parias. Me manquait l'élastique ou plutôt le mouvement de cet air qui fait qu'un cœur bat. Je me sentais proche des mots mais pas si éloigné des "casseurs de dents", c'était ma vérité à moi. L'impossible fusion, mais cette fois je me suis senti d'assumer ma schizophrénie, d'en faire une arme, oui c'est ça, porter sa maladie comme un étendard, c'est déjà ça que les autres ne feront pas! Oui, être guéri d'être malade! Je serais ça. Le guéri imaginaire. C'est mieux que de pas savoir ce qu'on est.

Le frère, la sœur et les deux débiles, avait dit Samir. Moi je le connaissais mieux que quiconque, "mon" Mounir. Nous avions été voisins une bonne dizaine d'années avant que ses parents préfèrent le confort des HLM d'en face. Jamais je n'avais vu leur père leur adresser une parole calme, leur mère ne vivait pas, elle tanguait dans la terreur d'exister par elle-même, une terreur qu'elle avait si bien su déverser dans le cœur de sa fille Samia.

ÉPILOGUE

La radio a annoncé la mort de Georges Brassens. Cette fois c'est moi qu'ai senti un parent s'en aller, presque un deuil que ma mère a vomi :

— C'est pour lui que tu pleures, j'espère qu'à ma mort tu en feras autant.

— Tais-toi, j'écoute.

— Des fois je me demande si je te préfère avec le bac pour me parler ainsi, ou que tu l'aies pas eu et me respectes comme ta chienne de mère que je suis… Qu'est-ce que je suis bête de t'avoir fait moins bête…

Soudain une voix :

— Magideu! Magideu!

Je m'étais habitué au cri de Tarzan, à des codes plus ou moins loufdingues, là c'était mon prénom correctement articulé. C'était pas dans la norme des cités que d'appeler quiconque par son prénom, on roulait tous au sobriquet, j'en ai frissonné jusqu'aux oreilles et l'hurluberlu continuait sans vergogne :

— Magideu! Magideu!

Mais qui c'est ce taré qui me fout la honte que je me suis pensé, arrête!

J'suis sorti comme la trombe de mars :

— Bébert?

Mon Bébert de punk était là, le regard zombie, la main sur une arcade qui giclait tout le sang des guerres de Religion. Son blouson de cuir semblait découpé au rasoir, c'était plus que des lanières pendantes maculées de salive.

— C'est quoi ce quartier de merde, sur trois cents mètres je me suis fait péter la gueule trois fois et en plus on m'a craché sur la gueule... Y m'ont pris tout mon fric et m'ont traité de harki, d'abord c'est quoi un harki? J'ai juste demandé où t'habitais, ça les a mis dans une de ces colères, hé t'es pas en odeur de sainteté, mets les voiles, ils veulent tous ta peau ou quoi? Mais qu'est-ce que t'as fait? Chaque fois que je prononçais ton nom j'en étais quitte d'un coup de pompe!

Hein? T'es qui ici?

Le temps que ma colère fasse exploser le thermomètre et ma mère nous a tirés vers l'intérieur. Elle l'a assis non sans mépriser l'accoutrement punky rangers et blouson noir de Bébert, elle a fait:

— Les Arabes...

Elle a vidé sur lui toute sa réserve de mercurochrome, moi vidé la mienne de tous les gros mots restés assez âcres pour me soulager. Maman qui pistait mon regard m'a interrogé du sien, c'est qui cette chose?

— C'est un copain du lycée.

Je lisais ses pensées. Tu peux pas t'allier avec des personnes respectables, nom de Dieu! Il faut que tu les choisisses plus loufoques que toi, ah mais je sais tu te venges, tu veux me faire expier mais je te lâche pas, t'es encore rien alors que je reste ta mère et ça tu ne me l'enlèveras pas.

Après des soins d'infirmière chevronnée, elle s'est éloignée non sans me dire en kabyle :

— Tu le sais pourtant que les Français sont pas les bienvenus ici, qu'est-ce qui t'a pris ?

— Il est venu tout seul (en berbère, *youssed ouh-deuss*).

— Alors c'est un fou comme toi, vous allez bien vous entendre, s'il est venu jusqu'ici c'est qu'il est pas près de te quitter.

Elle croyait pas si bien dire. Au milieu des aïe et des ouille j'en avais oublié les raisons du périple d'Ulysse, j'ai juste retourné mes mains avec un air interrogatif.

— Figure-toi qu'on a gagné le tremplin.

— Le ?

— Le tremplin rock.

J'ai dessiné ma tête d'ahuri des grands soirs.

— Hein ?

— J'étais venu pour t'apporter ta thune.

— Ma thune ?

— Ouais, enfin avant de m'être fait lyncher, heureusement j'avais que ta part dans les poches et tu sais quoi ?

— Non ?

— Y a quarante dates qui nous attendent, l'aventure du rock'n'roll commence, c'est parti Madge, tu peux dire adieu à ton quartier tout pourri, à nous la gloire, à nous les filles, à nous la France.

On est montés un matin dans une estafette, je n'en suis plus jamais redescendu. Les tournées en entraî-nant d'autres, je n'ai plus jamais été le scribe du quartier, le poète des unes, l'écrivain public des autres, le lettré de ma mère ou le scribouillard de la plèbe.

Au lieu de la grande révolution des quartiers ou du grand chambardement prolétarien, à défaut d'être le porte-parole des jeunes issus de l'immigration ou l'héritier métis d'un peuple des "Lumières", je suis devenu "moi".

Je me suis cru tiraillé, schizophrène et bancal, je ne l'étais pas plus que d'autres, sauf qu'habité par deux histoires qui se faisaient la guerre, deux familles hostiles, deux langues irrémédiablement opposées, me suis plu à être la victime expiatoire.

Comme le monde s'ouvrait à moi j'ai fait de mon fardeau des ailes, de mes blessures un bouclier, de mes fêlures identitaires deux richesses dans lesquelles s'est engouffrée la seule idée qui vaille, l'universel.

En devenant Magyd j'ai juste récupéré ma part de Gaulois.

OUVRAGE RÉALISÉ
PAR L'ATELIER GRAPHIQUE ACTES SUD
ACHEVÉ D'IMPRIMER
SUR ROTO-PAGE
EN NOVEMBRE 2016
PAR L'IMPRIMERIE FLOCH
À MAYENNE
POUR LE COMPTE DES ÉDITIONS
ACTES SUD
LE MÉJAN
PLACE NINA-BERBEROVA
13200 ARLES

DÉPÔT LÉGAL
1re ÉDITION : AOÛT 2016

N° impr.: 90341

(Imprimé en France)

.